Experiencias Sobrenaturales con el Dios Vivo

Experiencias Sobrenaturales con el Dios Vivo

Historias Reales sobre Ángeles, Milagros y Encuentros Celestiales

DR. ÁNGEL RAMÍREZ MURILLO

© 2020 EDITORIAL IMAGEN - EDITORIALIMAGEN.COM
CÓRDOBA, ARGENTINA

Copyright 2020 by Dr. Ángel Ramírez Murillo
© 2020 Digital Edition – Editorialimagen.com
Todos los derechos reservados.

El texto Bíblico ha sido tomado de diferentes versiones de la Biblia. Si no se especifica lo contrario, el texto utilizado es de la versión Reina-Valera © 1960 Sociedades Bíblicas en América Latina; © renovado 1988 Sociedades Bíblicas Unidas. Utilizado con permiso.

CATEGORÍA: Vida Cristiana/Inspiración

Print ISBN: 978-1-64081-069-3
Ebook ISBN: 978-1-64081-070-9

Contenido

1. Breve Reseña de mi Vida — 1
2. Experiencias en la ciudad de Liberia — 5
   - Dios me convence de su majestuosa existencia — 5
   - Viaje al Infierno o Lago de Fuego — 9
   - Viaje al gran Templo — 14
   - Viaje a Desamparados y la estrella — 16
   - Viento fuerte y la autoridad del cristiano — 18
   - Sueño sobre la iglesia y el mundo — 19
   - Sueño sobre el Anticristo — 21
   - Sueño sobre el rapto — 25
3. Experiencias durante los años 1988 al 1996 — 29
   - Una bruja me visita para matarme — 29
   - Un ángel libera a un hombre en la iglesia Rosa de Sarón — 32
   - Una visita de ángeles a la iglesia Rosa de Sarón — 34
   - Sueño del llamado a servir en su "Viña" — 38
   - Sueño de la Herencia Eterna del cristiano — 41
   - Otra bruja me visita para matarme — 49
   - Liberación de la niña en el Tristán — 57
   - Sueño con mi papá — 61
   - Sueño con la teofanía del Padre — 66

4. Experiencias en Teen Challege de 1988 a 1997 73
   Experiencias con el lobo blanco 73
   Experiencias con los vampiros 75
   Experiencias con los perros 77
   Experiencias con el ángel rojo 81
   Caso de Pablito 83
   Caso de joven "el indio de palo" 88
   Caso del joven "puñales en los pies" 90
   Caso del gobernador de las tinieblas 95
5. Experiencias durante las Misiones a Centroamérica 105
   Ángeles cantando el salmo 121 105
   Visión de la cascada de ángeles dorados 109
   El sueño de un viaje en la selva 111
   Sueño del faraón y el leopardo 118
   Sueño con una bruja de Guatemala 119
   Visión de Larzon 121
   La promesa a una mujer de que tendría un hijo 125
6. Experiencias del año 1995 a la fecha 129
   Primer sueño sobre mi madre resucitada 129
   Segundo sueño sobre mi madre resucitada 131
   Experiencia con un niño llamado Gabriel 133
   Visión en el mundo real ante Rubidia 137
   El oro del cielo 140

Agradecimientos 145
Palabras Finales 147
Acerca del Autor 149
Más Libros de Interés 151

1. Breve Reseña de mi Vida

Todo en la vida tiene un inicio, por lo que debo de empezar desde el principio de mi vida, así que considero necesario hacer un breve comentario de Su gran amor que siempre Él ha mostrado en mi vida y de cómo la gracia de Dios me ha buscado.

Nací en casa de mis padres, un 23 de agosto del año 1968, en el pueblo de Fortuna de Bagaces de la provincia de Guanacaste de Costa Rica. Luego en el año 1972 salimos de ese cantón a otro pueblo llamado Colonia Blanca de Upala en la provincia de Alajuela.

Tengo muy pocos recuerdos de este primer lugar donde nací, pero este segundo pueblito lo recuerdo con gran ahínco, ya que era en una finca en el campo donde pasé mi niñez, y el ambiente del campo es muy lindo para mí, ya que puedo entrar en contacto con la naturaleza creada por Dios. Recuerdo que ahí nos visitaba un tío anciano, hermano mayor de mi padre, Francisco Cabezas Rojas, el cual me comenzó a predicar la palabra de Dios de una manera muy sutil, porque ya en ese entonces yo era de carácter muy fuerte.

Me acuerdo de que él me confrontaba preguntándome si lo que yo hacía o creía estaba o no de acuerdo con lo escrito en la Biblia. Yo le decía que estaba seguro de que sí, que todo estaba contenido en la Palabra de Dios, pero lo decía para no darle importancia a lo que escuchaba, porque si me ponía a pensar en lo que me indicaba, por mi mente pasaban pensamientos tales como que Dios podría llegar a enojarse con todo lo malo que hacía.

Esas palabras de mi tío anciano calaron profundo en mi vida, ya que despertaron en mí el deseo de leer la Biblia y comprobar si mi conducta estaba o no de acuerdo a lo que Dios establecía. Pero por sobre todo deseaba cambiar mis arrebatos de ira, enojo y deseos de venganza para con mis compañeros de la escuela o hermanos, que en ese tiempo era lo que más se manifestaba en mi vida.

También recuerdo que este tío me dio un Nuevo Testamento con tapas de color blanco, de esos que regalan los "Gedeones". Y fue en esa época, cuando iba al primer grado de escuela, a la edad de 6 años, que intentaba leer lo que ahí decía. Había algo que me impulsaba a leerlo, aunque no entendía mucho de lo que ahí observaba.

Recuerdo que lo hacía en secreto, sin que mi familia me viera, porque mis hermanos se burlaban de lo mucho que me gustaba la lectura de cualquier libro. A mí me gustaba leer para defender la verdad en todo lo que dijera. Pensaba en lo que leía de este Nuevo Testamento, era como cierto apetito espiritual a ese libro en específico. Creo que ya para entonces Dios me estaba llamando con Su amor infinito.

Seguí mi vida llena de ira y venganza. Mis hermanos y mi papá me rechazaban, hasta que nos pasamos a vivir a la ciudad de Liberia, Guanacaste, y a la edad de 13 años sentía que todo en mí estaba realmente muy mal. Fue en esa época que asistí con mi madre a una iglesia de las Asambleas de Dios y ahí el Espíritu Santo me convenció de pecado, entregué mi vida en Sus santas manos, acepté a Cristo en mi corazón y Dios comenzó Su obra restauradora en todo mi ser.

Seguí asistiendo a esa iglesia y creciendo en el conocimiento de Su Palabra, pero me referiré luego a las experiencias que tuve en esta ciudad.

Debo de indicar que lo que expongo en este libro no son fantasías, cuentitos que se les relata a los niños para dormirlos, o invenciones creadas para tratar de impresionar a la gente con el propósito de que me vean como el gran siervo de Dios. Este texto lleva propósitos que indicaré más adelante, trato de demostrar que hay un mundo espiritual y que este Dios, el Padre de Amor, está en control de todo el universo, como lo dice claramente su Palabra, que todo el universo en Él subsiste:

"En estos postreros días nos ha hablado por el Hijo, a quien constituyó heredero de todo, y por quien asimismo hizo el universo; el cual, siendo el resplandor de su gloria, y la imagen misma de su sustancia, y quien sustenta todas las cosas con la palabra de su poder, habiendo efectuado la purificación de nuestros pecados por medio de sí mismo, se sentó a la diestra de la Majestad en las alturas..." Hebreos 1:2-3

Debo de hacer un serio juramento para que comprendas, estimado lector, que lo que se relata en este libro es un compromiso con Dios y que lo hago en obediencia a lo que Él me ha ordenado que haga.

Declaro delante de mi Gran Señor Jesús, mi Dios Padre Celestial y el Espíritu Santo, que todo lo que usted va a leer en este libro es sólo verdad y que no lleva un propósito lucrativo ni tampoco pretendo inducir a la gente a que compre este texto. Procedo a hacerlo delante de mi Dios, ante el cual hago el siguiente juramento: JURO ANTE DIOS QUE LO QUE SE VA A RELATAR EN ESTE TEXTO ES SOLO LA VERDAD Y QUE LAS DESCRIPCIONES QUE VOY A HACER NO TIENEN EXAGERACIÓN DE NINGÚN TIPO.

Dios me ayudará a decir cada asunto con toda sinceridad y que aún confesaré lo mucho que mis debilidades humanas influyen, al grado de que si no fuera por la gracia de Dios no habría podido subsistir para poder relatar estos eventos.

Quiero dejar en claro que algunos eventos no sé si ocurrieron dentro de mi mente o espíritu, o que mi alma salió en verdad de mi cuerpo, pero de igual forma trataré de ser sincero en mi relato de cosas que he visto. Expresaré también lo mucho que mis pensamientos han divagado, todos mis temores como así también las alegrías y emociones que en ese entonces fluyeron, sean buenas o malas, siempre guardando la cordura y el equilibrio de no exagerar, para no dar una imagen falsa de mi persona.

Aunque soy teólogo y hoy en día tengo un nivel de doctorado, debo de confesar que me considero un ignorante en muchas de las cosas que he visto y que solo soy un aprendiz de mi amado Señor y de su Santo Espíritu. Confieso que, a pesar de leer su Santa Palabra a diario, y habiéndola leído completa más de 30 veces, no dispongo del conocimiento suficiente como para entender muchas de las cosas que he vivido, lo que me lleva a admitir que solo soy como un niño a Sus pies, aprendiendo cada día un poquito más.

Es mi opinión que las cosas celestiales no están al nivel de nuestra comprensión natural o a nuestro nivel de entendimiento terrenal. Dicho de otra forma: las cosas celestiales no es un asunto de mucho conocimiento intelectual, experiencia u otro tipo de preparación terrenal, es cuando estemos con la mente de Cristo allá en su presencia.

Ruego al Dios y Padre de nuestro Señor Jesucristo que mis anécdotas le ayuden a fortalecer su fe en el asombroso Dios que ha creado este universo.

Este texto lleva varios propósitos, tales como:

- Demostrar que existe un mundo espiritual que influye en este mundo natural, y que este mundo natural es pasajero e inestable. Que Dios es el Señor absoluto de todos los mundos visibles e invisibles, según lo dice Dios en las Escrituras.
- Dios es bello, bueno y amoroso para con la gente que con corazón sincero se aproxima a Él, como es el caso de mi vida, que no tenía ningún valor, pero Él puso Su gracia sobre mí.
- Dios puede usar a toda persona, incluyendo a cada individuo que tenga acceso a este libro, y Él desea darse a conocer de diversas formas, a pesar de nuestros defectos y limitaciones.
- Tal vez este libro llegue a manos de una persona muy docta en este asunto de sueños y visiones, y pueda explicarme algunas cosas que no conozco, que no capto o no entiendo. Al final del libro doy mi correo y teléfono móvil por si acaso me desearan contactar. Obvio que su explicación debe tener un sustento bíblico, porque fuera del libro sagrado no creo ni acepto ningún argumento.
- No es mi deseo el causar discusión alguna sobre tópicos doctrinales, sobre iglesias, autores o lectores, solo me limito a describir, lo mejor que puedo, lo que he visto y sentido. No intento establecer nuevas doctrinas. Es más, he publicado este texto porque considero que no contradice en ningún aspecto a las Sagradas Escrituras, y de ser así, jamás trataría de imponer nuevas revelaciones, ya que lo revelado de Dios está en su Palabra, la Biblia.
- Yo no me dedico a escribir, así que este libro no tiene fines lucrativos. No pretendo hacerme millonario, porque todo lo que tenemos en esta tierra no tiene ningún valor ni permanencia. Es mi deseo que toda persona pueda tener acceso a su contenido y darse cuenta de que Dios actúa en nuestro diario vivir.
- Dios sigue al mando de nuestra vida y lo hace mediante ese asombroso mundo espiritual. Toda acción que ocurre en el mundo natural tiene su origen en el mundo espiritual. Dicho de otra forma: todo epicentro de actividades de este mundo tiene su hipocentro en el mundo espiritual.
- Desearía que todo ser humano tuviera acceso a este libro, no porque tenga una nueva revelación, sino porque tiene explicaciones claras para animar al ser humano tanto en su vivencia en esta tierra como la que nos espera en la casa de nuestro Dios. Todo ya Jesús lo ganó, para que sea por gracia de Dios y Él reciba su correspondiente gloria y honra.

2. Experiencias en la ciudad de Liberia

Dios me convence de su majestuosa existencia

Mi primera experiencia sobrenatural la tuve en el año 1984, cuando estaba en 4° año de secundaria. Aclaro que ya en esta fecha tenía 3 años de estar en los caminos de mi Señor Jesús.

En este año, y como una de las materias del colegio, recibía un curso de filosofía básica a cargo de un profesor llamado Rodrigo, en el colegio Instituto de Guanacaste de la ciudad de Liberia. Confieso que, a causa de haberme enredado en muchas actividades del colegio, había dejado de congregarme un poco, y asistía al templo solo los sábados en la noche y los domingos en la mañana. Creo que el enemigo logró pegar sus dardos en mi mente, ya que me encontraba muy frágil en mi estado espiritual, agregando que poco oraba, ayunaba y casi no leía la Biblia. En esta época estaba haciendo estudios bíblicos con la denominación Iglesia Asambleas de Dios, propiamente con el ministerio del predicador Jimmy Swaggart, pero solo lo estaba haciendo en gran parte a un nivel de intelecto.

En este año este profesor comenzó, de una manera muy astuta, a insinuar que Dios no existía, y que esos eventos que están escritos en la Biblia solo eran una invención de hombres. Es lógico que, para un adolescente sin conocimiento bíblico más profundo, sus argumentos pasaron a ser una verdad irrefutable. En ese entonces desconocía las asombrosas pruebas indubitables de que la Biblia no tiene la Palabra de Dios, más bien es la Palabra de Dios, toda verdad y sin error alguno. Sin embargo, este docente negaba todo lo concerniente a Dios, aún su existencia, y poco a poco fue introduciendo su putrefacto ateísmo hasta que logró en mí el dudar de la existencia de Dios y de que mi Señor Jesús realmente haya vivido en la tierra.

Como dice su santa Palabra:

> *"Mirad que nadie os engañe por medio de filosofías y huecas sutilezas, según las tradiciones de los hombres, conforme a los rudimentos del mundo, y no según Cristo."* Colosenses 2:8

Ya casi al final del curso lectivo de ese año comencé neciamente a casi negar abiertamente la existencia de Dios. Iba a la iglesia, pero solo para criticar lo que se predicaba y a encontrarle una explicación "lógica" a todo lo que ocurría, desde los milagros, el bautismo del Espíritu Santo y otras cosas bellas que ocurren en las congregaciones cristianas. Decía que los milagros eran producto de la poderosa mente, ¡como si pudiéramos cambiar con la mente el color de un solo cabello! Decía también que lo de las lenguas era solo aprendido por la congregación, y que el llorar eran solo emocionalismos y cuántas necedades se me ocurrían.

Me sentía como un verdadero hipócrita, en donde yo asistía a una congregación en la que yo no creía sus enseñanzas. Hasta que la gota derramó el vaso. Reté a Dios una tarde a que, si Él realmente existía, se mostrara a mi vida. Esa tarde me fui a una roca en un potrero en la finca del Dr. Rojas Chaves, al lado Este de la ciudad de Liberia, como a un kilómetro de donde yo vivía, en el Barrio Condega, frente a la emisora Guanacaste.

Esta roca es grande, de aproximadamente unos diez metros de altura, y sobre ella hay árboles. Recuerdo que fui a ese lugar para de forma arrogante increparle a que se mostrara si Él verdaderamente existía, a eso de las 5 de la tarde. Llegué y esperé como hasta las 6 pm para ver si él me daba alguna señal sobrenatural y contundente que demostrara su existencia. Tan ciego estaba que no podía ver las tantas señales en la creación asombrosa de este planeta.

Aclaro que el Señor Dios no está obligado a responder a un necio humano, pero Él ha sido muy especial para conmigo, aun sin yo merecerlo.

A eso de las 6:15 pm vi el reloj y decidí irme para la casa, pues ya era oscuro. Era como en el mes de setiembre y decidí negar su existencia desde ese día en adelante en forma pública y dejar de ir a la iglesia. No sé por qué lo hice, pero me puse de rodillas en lo alto de la roca, cerré los ojos y hablé unas frases como estas:

"Bueno, Dios, si estás ahí, demuéstralo, y si no, no me culpes por negarte, ya te di la oportunidad de demostrarlo y nada ha ocurrido…"

Abrí los ojos y ¡cómo describirlo! Vi que una luz roja me rodeaba y que esta luz venía de la parte de arriba de mi cabeza, como si un sol rojo, color de la sangre viva, estuviera alumbrando desde un medio día. Me llené de temor en un principio y me dio miedo que Dios me matara y enviara mi alma al infierno por lo atrevido que había sido de retarlo.

Me puse de pie y vi el pastizal de Jaragua de la finca, observé cómo soplaba el viento y vi que tanto los árboles como los animales, todo a mi alrededor parecía que estuviera bañado en sangre viva, todo era rojo. Luego en forma muy despacio fui levantando la mirada al cielo y vi de dónde provenía la luz roja: era un cuadrado bien formado, no muy grande, que resplandecía y alumbraba todo de ese mismo color. Alrededor del cuadrado estaba el cielo estrellado y sin nubes, todo parecía de una noche normal, y no había salido aún la luna.

Reconozco que no me hace sentir bien describir toda esta arrogancia, pero dije que sería sincero en lo que iba a escribir, aunque me avergüence lo que tenga que decir. Pero aquí voy...

Observé todo a mi alrededor por largo rato, como por una hora, y luego vino el pensamiento, que considero que era del diablo, y pensé que eso era solo un celaje de invierno, donde el sol se reflejaba sobre una nube y producía la luz roja (¡qué atrevido!). En lugar de humillarme, fui altivo, bajé de la loma y pensé que en pocos minutos eso se disolvería y que no era ninguna señal de Dios.

Pasé por el río Liberia y toda el agua parecía sangre viva, por ratos sentía mucho temor y por otros momentos me consolaba de que eso se iba a disolver pronto. Miraba el cuadrado rojo y seguía en mis vanos pensamientos, ¡como si las nubes formaran cuadrados perfectos por más de una hora! Vi el reloj que llevaba en mi mano y eran las 8:05 pm. Me latió el corazón muy fuerte y pensé que un celaje no duraba a altas horas de la noche, que menos iba a formar un cuadrado, y que no se veían nubes alrededor del cuadrado, el cielo estaba limpio y se veían las estrellas brillar normalmente.

Llegué al patio de enfrente de la casa de mis padres y ahí estaban jugando fútbol varios vecinos: Rafael, Roberto, Fernando y 2 de mis hermanos. Yo venía viendo el manchón rojo del cielo y de cómo todo se veía como bañado en sangre, hasta vi sus rostros bañados en sudor, pero más bien parecía que era sangre que les brotaba. Me paré cerca de donde ellos estaban, yo los miraba en silencio y me preguntaba: "¿Por qué será que ellos no notan que todo está iluminado de esa luz roja?"

Uno de ellos se me aproximó y me dijo: "¿Por qué estás viendo para arriba? ¿Estás viendo un platillo volador?"

Se reía mucho y miraba el cielo en todas direcciones, como que no veía nada anormal, y allí fue cuando comencé a aterrorizarme en gran manera. A continuación, le dije que viera mis ojos y que se fijara si yo tenía algo en ellos, pero se fijó en mis párpados y me respondió con varias palabras vulgares, preguntándome si yo había fumado marihuana verde y más cosas, llamó a los demás y me preguntaron si me encontraba bien. Yo les dije: "Vean el manchón rojo, ese cuadrado..."

Les pregunté si veían la luz roja que salía de ese cuadrado, les señalé dónde estaba en el firmamento, se dieron la vuelta para ver y casi al instante soltaron sus risas a carcajadas, me tocaron la frente para saber si yo tenía temperatura y me preguntaron si me había vuelto loco, que ahí no había nada; y además me dijeron de todo, palabrotas, me insultaron e insinuaron que estaba drogado o loco.

Ahí se me vinieron las lágrimas, corrí al cuarto donde dormía y lloré amargamente con rostro en el piso y una almohada en mi boca para que no escucharan mis gritos, y así entendí que la señal era solo para mí, que solo yo veía esa luz roja. Me recordó la sangre preciosa de mi Señor y más lloraba.

Al rato de llorar, miré el reloj y ya eran las 8:25 pm, me puse de pie y vi por la ventana, pero la luz roja seguía iluminando todo el entorno. Me asusté al pensar que Dios tal vez no me iba a castigar con mi muerte, sino que tal vez me podía dejar viendo para siempre todo de ese color rojo, pues para Él no hay nada imposible.

Dentro de mí me decía que si yo quedaba viendo para siempre todo de rojo me volvería loco. Me asusté más aún. Salí corriendo al patio de adentro de la casa, donde estaba el servicio de letrina, como a unos 40 metros. Me metí ahí y lloré con rostro en el suelo. Le dije algo como esto:

"Señor Jesús, te pido perdón por haberte retado, ahora entiendo que esta señal *proviene de ti, pues solo yo la veo y sé que tienes el derecho de matarme si así lo deseas y merezco el infierno; pero sé que eres misericordioso, y si quieres perdonarme... Hazlo. Si me das la vida juro que jamás te volveré a retar así, hoy sé que eres real, más allá de lo que puedo entender".*

Por ratitos veía por las rendijas, entre las tablas que forraban el servicio sanitario del patio, para ver si la luz había desaparecido, pero todo seguía igual.

Luego se me ocurrió pedirle una señal de si realmente me había perdonado por su gracia y amor, y pedí a llanto vivo que la luz desapareciera al abrir mis ojos.

"¡Ooooh, Aleluya. ¡Grande es Dios!"

Abrí mis ojos y vi oscuridad total, abrí la puerta con gran temor y lentamente vi hacia arriba, el cielo estaba estrellado y limpio, no había rastro de nubes o luz rojiza. En un instante todo había desaparecido, era una señal de que Él me había perdonado. Entonces rompí en llanto de alegría, saltaba en la oscuridad diciéndole:

"Gracias, mi Señor Jesús, por interceder ante mi Padre..."

Gracias a Dios nunca más le volví ni volveré a retar en cuanto a Su existencia. Me quedó muy claro Su majestad y poder.

En las siguientes clases de filosofía me volví el más acérrimo defensor de la existencia de Dios ante este ignorante profesor.

Los 3 eventos que voy a describir a continuación no sé si ocurrieron fuera del cuerpo o en mi mente, solo describo lo que vi y oí, sin quitarle o ponerle.

Viaje al Infierno o Lago de Fuego

Esta segunda experiencia espiritual que tuve en mi vida, no sé si fue una visión o realmente mi alma salió de mi cuerpo. Solo sé que no tenía contacto consciente con mi entorno.

A finales del año 1984, como por ahí del mes de noviembre, un sábado me ocurrió lo que a continuación describo.

Ese día, desde la mañana me sentí nervioso, como si algo fuera a ocurrir en mi vida o a mi alrededor, es extraño, como si uno presintiera algo, pero no sabemos qué y nos ponemos a la expectativa...

Durante todo ese sábado no ocurrió nada fuera de lo común. Fui al culto y al llegar al templo me sentí ya normal, pensé que ya nada iba a suceder, que era solo una simple imaginación. Me senté en la parte de adelante, del lado derecho, junto a unos jóvenes amigos de la iglesia. El pastor estaba predicando sobre el bautismo del Espíritu Santo y como ya lo había recibido, no le tomé mucha importancia, y en la mente divagaba, preguntándome si en Dios eso era todo, sentir su preciosa presencia de vez en cuando y dejar pasar el tiempo.

Al terminar de escuchar la prédica me puse de rodillas y le pedí al Espíritu que me llenara, y vino poderosamente sobre mí. Alcé mi voz en lenguas y en ese momento como que en mi mente se abrió una pantalla gigante y vi como niebla de color blanco. Me dio mucho temor, y abrí los ojos para interrumpir lo que estaba ocurriendo. Al ver a mi alrededor, se cortó lo que veía, ya que al abrir mis ojos no se veía nada sobrenatural. Me dio temor y luego como que el Espíritu me dio paz y Su voz en mi mente fue como que dejara de luchar contra eso que veía, que me dejara usar por Él.

Cerré mis ojos y pensé, Él tiene cuidado de mí, no estoy loco, estoy viendo esa niebla blanca. La niebla me rodeó y sentí frío, comenzó a girar de izquierda a derecha, se hizo un túnel enfrente de mí, fui introducido o me succionó esa niebla y entré en ese túnel, me sentí liviano, como que flotaba. Mis sentimientos daban vuelta con mucho temor, hasta pensé que quizás había muerto. El viaje duró un poco de tiempo, quizás uno 8 o 10 segundos y llegué a un lugar extraño que trataré de describirlo.

Me encontraba de rodillas, parecía una plataforma transparente e invisible, flotando en el aire, era bastante oscuro todo alrededor, al frente había una borde de un precipicio o abismo, con una caída de unos 300 metros de altura. En la parte de arriba había una explanada gigantesca, y ahí se encontraba una inmensa multitud de personas en filas perfectas, todos iban vestidos de igual forma, con batas a la rodilla, atadas sus manos con trozos de tela, sus ojos estaban tapados como por trozos de gaza circulares, y llevaban amarradas muy fuerte sus bocas con trozos de tela. Sus amarras eran bien talladas. Además, esa plataforma invisible donde yo estaba de rodillas se movía con acercamientos para poder ver de cerca los detalles que explico.

De pronto, desde el frente, pude ver algunos rostros de cerca y por un instante pude reconocer a algunas personas: mi padre, un cuñado y unos 15 rostros más. Aclaro que desde esa época he ido conociendo a esas personas y hasta el año 2018, momento en que escribo esto, me hace falta conocer al último joven. A todas las demás personas las he ido conociendo, al tener contacto con estas personas les he contado esta visión y les he explicado donde yo les vi. Todas las personas han tomado la decisión de aceptar a Jesucristo como su salvador personal.

En el fondo del abismo corría una especie de río formado por una sustancia extraña, era como un plástico derretido, espeso, viscoso y al que le salían burbujas grandes, como de un metro de diámetro, las cuales al reventarse producían llamas de fuego rojizo, como si un gas las hiciera prender para luego explotar. Esa era la única luz en ese lugar.

Luego me llevaron sobre esa plataforma, sobre el río y como a un kilómetro vi que ese río desembocaba en un gran lago de la misma sustancia. En el centro del lago salían más burbujas y el puro centro era una sola fuente de fuego rojizo. Me encontraba a una altura de unos 200 metros y se sentía el fuerte calor, como si me encontrara frente a un gran incendio.

A la orilla de este lago había arena humeante y sobre la arena caminaban bestias parecidas a esos dragones de las películas. En todo eran parecidos, les salía fuego de sus hocicos y tenían alas como de murciélagos, pero rotas y no podían volar, así que sólo se arrastraban de un lado hacia otro, y parecía que hicieran guardia en el lago.

Me regresaron frente al abismo y al lado derecho había una gran montaña negra, de cuyas grietas salía esa sustancia amarillenta. De la parte de arriba de la montaña salieron cinco jinetes negros. Eran como caballeros de la edad media, llevaban armaduras, un escudo en su mano izquierda y una lanza en su mano derecha, montaban sobre caballos negros alados, similar al Pegaso.

Estos caballeros iban por la parte de atrás de la explanada y empujaban con sus lanzas las filas de personas. Estos individuos caían al río y entonces era arrastrados por la corriente, la cual los depositaba en el lago. Allí se retorcían en desesperación, pero no podían ver dónde estaban y no podían gritar de dolor porque sus bocas estaban bien amarradas.

Me acercaron a la desembocadura del río, hacia el lago donde iban a dar estas personas, y vi que esa sustancia les arrancaba pedazos de piel y carne, y luego se les restituían a sus cuerpos. Al ver esto tan espantoso comencé a llorar con mi rostro pegado sobre esa plataforma. Tenía miedo de que mi padre llegara al final de la fila y cayera al lago. Además, el ver todas esas personas en ese dolor me partía el corazón.

De pronto vi luz y escuché como un trueno con eco y todo se iluminó. Levanté mi rostro y vi a otros 5 caballeros vestidos de igual forma que los descritos anteriormente, sólo que éstos eran blancos, muy blancos, sus ropas resplandecían y costaba verlos, me cegaba la vista. Pero noté que el caballero del centro era diferente. Llevaba una gran corona que parecía de oro resplandeciente, con piedras preciosas, le salían colores de su rostro, llevaba una capa y no tenía coraza ni lanza, solo un escudo dorado y una gran espada plateada. Al llegar estos caballeros resplandecientes trajeron luz para ver los detalles de ese lugar, el cual estaba como quemado y seco por todos lados.

Cuando estos caballeros resplandecientes llegaron, me dio mucha alegría, no sé por qué, pues no se me explicó nada. Sin pronunciar palabra alguna se colocaron en posición de batalla, al lado derecho los caballeros blancos y a la izquierda los negros. Eso me dio más alegría, ya que los caballeros negros dejaron de empujar gente hacia el río.

De pronto el caballero de la corona se lanzó en picada al frente y fue ante los negros y les cortó sus lanzas con su espada. Luego los blancos volaron muy rápido y los prensaron con sus lanzas a los 5 caballos negros, los bajaron hasta el lago y la sustancia se los tragó, querían salir, pero como que había corrientes que los succionaron.

Luego de ver todo esto, los caballeros blancos fueron a las filas y les cortaban las ligaduras a las personas, como así también les quitaban las vendas de sus ojos, y entonces la gente corría alegre por la explanada, lejos del abismo. Yo lloré de nuevo, pero de alegría, pues todas las personas parecía que jugaban entre sí.

De pronto fui transportado a otro lugar, y aparecí de rodillas en un gran salón de piso decorado, muy brillante y limpio, las paredes estaban como adornadas con objetos que parecían de oro brillante. En el cielo raso había grandes candelabros como de cristal, pero esos materiales emitían una especie de luminosidad. De pronto todo se llenó de una luz cegadora. Al frente mío había un trono y un rey sentado en él.

El rey estaba inclinado hacia el suelo sobre una almohada color lila, con adornos de oro en las esquinas y en el borde. Sobre esa almohada había una vara como de unos 50 centímetros, como torneada y con adornos. Parecía que era de oro resplandeciente y con piedras preciosas incrustadas en los extremos de esa vara, y estas piedras también emitían luz, como en destellos.

El rey tenía un agujero en su mano derecha, casi en la muñeca, y entonces entendí que era Jesús. Su rostro era muy luminoso, por lo que no podía verle con claridad, ya que me cegaba la vista. Su mano derecha estaba como a unos 20 centímetros de la vara. En la posición inclinada al suelo que tenía el rey, se veían los picos de su corona.

De pronto fui transportado a otro lugar, como a un planeta con césped suave, y me encontré de pie viendo el cielo estrellado, un poco iluminado, pero el firmamento era azul claro. En lo alto había un gran caballo alado y batía las alas, luego movió el hocico para hablar y yo pensé, "pero si los caballos no hablan." Se detuvo y no hizo nada. Era como si supiera mis pensamientos de duda. Pero luego pensé: "En el cielo todo es posible, Dios lo hace posible."

Entonces el caballo habló y dijo con una voz que cimbraba la tierra y con eco a lo lejos: "CUANDO EL REY AGARRE EL CETRO."

Entonces se me mezclaban las imágenes del salón del trono y el caballo, como que por instantes estaba en el trono y luego en ese lugar del caballo. Y continuó hablando: "SERÁ LA ALEGRÍA PARA LOS JUSTOS, FIELES Y ESCOGIDOS."

Se detuvo un instante y luego terminó de hablar: "Y TAMBIÉN SERÁ EL LLORO PARA LOS DESOBEDIENTES."

Se escuchó como un estruendo que cimbró la tierra y me quedé en el trono, cuando de repente comenzó a aparecer la neblina y a girar de derecha a izquierda... entré de espaldas al túnel cuando sorpresivamente abrí los ojos y estaba de rodillas en el templo con el rostro bañado en lágrimas.

El pastor de la iglesia me dijo que yo había recibido una visión, que luego quería que se la dijera, pero lamentablemente nunca me llamó para explicarle lo que viví ese día.

Esa noche casi no pude dormir de miedo y alegría, por todo lo que había visto.

Viaje al gran Templo

Esta experiencia sucedió a pocos días del primer viaje y fue también un sábado en el culto de jóvenes. Sucedió algo parecido, un nerviosismo durante el día y pensé en la posibilidad de recibir algo parecido a lo anterior.

De igual forma me puse de rodillas cerca del púlpito y vino eso de la pantalla en la mente y la niebla dando vuelta de izquierda a derecha y entré en eso parecido a un túnel.

Al llegar al otro lado estaba de pie en esa plataforma transparente en el aire de algún planeta, como a unos 200 metros de altura, tenía aspecto como de un campo y árboles frutales con animales pastando.

Miré hacia arriba y vi el cielo azul, estaba como de día, pero no había sol en el firmamento, sino que al frente había un cúmulo de nubes muy blancas, y de esas nubes salían rayos como de luz. La plataforma comenzó a levantarse y a acercarme a ese cúmulo gigante de nubes, y vi que del centro de esa aglomeración desde la cual emanaba la luz había una gran abertura, como un hueco por el cual entré. Hacia abajo y en el fondo había un gran templo, parecido al Partenón griego. En la parte de arriba se veía un arco brillante, como de chispitas de luz, y en el centro del arco como si fuera un enorme rubí, rojo como la sangre. Me acercaron más al arco y vi que eran ángeles con vestiduras muy brillantes, con enormes alas, cinturones dorados como de oro en sus cinturas y el del centro era un enorme ángel rojo, sus cabellos y cinturón eran dorados, como si fueran de oro, y sus alas blancas como la nieve, su rostro brillaba (es muy difícil describir por escrito lo que vi en ese lugar).

Luego me bajaron al piso del templo, cuyas columnas eran gigantes en grueso y altura, muy decoradas con adornos que parecían de oro reluciente, las columnas y el piso eran blancos y muy limpios. En el centro del templo había un ser con mucha luz. Me cegaba la vista, estaba de pie y las manos levantadas a la altura del pecho. Lo que más le brillaba era su rostro, caminó muy despacio hacia mí acercándose lentamente, pues yo entendía que Él sabía que tenía mucho temor, pero no miedo, sino una sensación como de mucho respeto ante quien estaba. Por eso me tiré al piso y adoré con mi rostro en el suelo.

Luego miré hacia adelante y le vi más de cerca, como a unos 20 metros, justo cuando dio una vuelta en el aire y toda su luz desapareció. Allí me di cuenta de que era humano, estaba vestido de blanco, descalzo, sus pies heridos y sus manos lastimadas. Cuando vi que comenzó a brotar sangre de sus heridas, supe que era Jesús. Se escuchaba el goteo de la sangre que caía por sus codos y vi la sangre que corría por el piso, la que salía de sus pies. Me dolía el pecho, y al verle sangrando comencé a llorar. Yo solo pude decir: "Mi Señor, mi Dios."

A continuación, me tiré al piso y lloré mucho. Luego vi Su luz en el piso y permaneciendo de rodillas levanté mi cabeza, y le vi con luz de nuevo. Luego dio como una vuelta en el aire y dijo: "Dile a mi pueblo que lloro y sangro porque no obedecen el mandamiento que les he dado."

De inmediato llegó a mi mente este pasaje del evangelio de Marcos:

"Y les dijo: Id por todo el mundo y predicad el evangelio a toda criatura. El que creyere y fuere bautizado, será salvo; mas el que no creyere, será condenado." Marcos 16:15-16

La niebla comenzó a salir de derecha a izquierda, y entré de nuevo en el túnel de espaldas. Llegué al templo de Liberia y tenía el rostro bañado en lágrimas. Me gustaría dejar en claro que en ese lugar donde estuve había mucha paz en todo sentido. Por mi parte nunca desearía haber regresado de ese lugar.

En esta experiencia me sentí muy contento de ver todo lo descrito, pero en cierto sentido también me sentí triste al ver a mi Señor con Sus heridas sangrantes.

Viaje a Desamparados y la estrella

Esta experiencia ocurrió en junio del año 1985. Todo sucedió de igual forma, es como una sensación de que algo iba ocurrir ese día. Este evento se dio un día domingo, en el culto de Escuela Dominical.

De igual forma estaba de rodillas en oración y vino lo de esa pantalla en mi mente, la niebla fría y el túnel girando de izquierda a derecha, como en las otras ocasiones.

Fui llevado al parque del cantón de Desamparados, era de día, pero sin sol. Explico que en ese tiempo no conocía este cantón, sino que fue años después que conocí ese lugar y supe que era ese cantón donde había estado antes.

Parecía que era una tarde con un poco de nubes en el firmamento. Aparecí en la esquina noroeste, frente al edificio municipal. Había mucha gente, pero en sus rostros se les notaba mucha maldad. Tuve un poco de temor, pero me di cuenta de que yo les miraba a sus ojos y ellos no me podían ver. Eso me dio paz.

Entonces comencé a observar a mi alrededor con calma y vi que ellos hacían cosas malas, como por ejemplo tener sexo en las zonas verdes, fumar drogas en los troncos de los árboles, otros agredían a niños que jugaban en las aceras, gente que se dedicaba a robar joyas, carteras, bolsos a otras personas y hasta asaltos a mano armada. Otros estaban adorando imágenes y logré divisar muchas cosas más, pero todo era pura maldad.

Seguí caminando hasta la explanada del templo católico. Después de ver un rato esa fiesta del mal, me puse triste y pensé que el juicio de Dios iba a venir sobre esa población. Lloré un poco y de pronto sonó como un rayo, miré hacia arriba y vi algo azul en el cielo, en dirección al este, que se aproximaba cada vez más, era grande. Era como una nave espacial en forma de picos.

Llegó a una altura de unos 70 metros y ese objeto medía como 100 metros de diámetro. Se detuvo frente al parque. Nadie le dio importancia, hasta que unos alzaron la mirada y lo señalaban. Dejaron de hacer sus cosas y se agolparon para ver ese objeto. De pronto fui alzado en el aire a la misma altura del objeto.

De igual forma en una plataforma invisible, estaba de rodillas, el objeto se comenzó a abrir, cada pico se abría como una flor y en cada extremo había un ángel con grandes alas batiéndolas en el aire, pero en un solo lugar, sin desplazarse. Se abrieron unos 12 picos. En el centro estaba ese mismo ser luminoso de la otra visión, de pie en un círculo, pero la gente abajo había vuelto a sus maldades. A nadie le importó quién estaba ahí ni que era el mismísimo Señor. Él traía sus brazos cruzados, pero levantó Su mano derecha, la movió con rapidez y la volvió a cruzar.

Entonces la tierra comenzó a temblar muy fuerte, se hacían grietas en el suelo y se tragaba a algunas personas, otras gritaban en desesperación, los árboles se sacudían y se comenzó a ver el montón de gente muerta y los edificios destrozados. Yo me cubrí el rostro y comencé a llorar. Y dije: "Señor, ten misericordia de mi país, sé que somos malos, pero cámbianos y te serviremos con amor."

Alcé mi mirada y vi que esta vez movió su mano izquierda, se desató un fuerte viento, arrastraba los cadáveres y los estrellaba contra las ruinas que aún quedaban en pie.

Yo clamé gritando: "Señor, ¿eliminarás la nación por culpa de ellos…?"

Luego de que el parque quedó barrido el Señor extendió sus dos manos hacia adelante y todo cesó. Entonces comenzaron a salir personas de las ruinas, iban mal vestidos, con ropa como vieja y rota, y venían a la explanada para ponerse de rodillas viendo al Señor. Entonces volvió a extender sus manos y sus ropas cambiaron a ropas resplandecientes, para que todos los que estaban de rodillas pudieran verlo. Me dio mucha alegría el ver esto.

Luego la estrella comenzó a cerrarse y voló hacia donde había venido. La gente quedó de rodillas y sus manos levantadas. La neblina comenzó a cubrir lo que veía y entré en el túnel de espalda, de igual forma a las anteriores visiones.

Me encontré en el templo de rodillas, con muchas lágrimas en mi rostro, por lo que pienso que lloraba de verdad, no solo en las visiones.

Viento fuerte y la autoridad del cristiano

Esta experiencia me sucedió en esa misma roca a donde me retiraba a orar y ayunar por días o noches, según como Dios me guiara. Esto ocurrió una tarde del año 1985.

Me encontraba orando, como a las cuatro de la tarde, en la parte más alta de la roca y Dios me habló al corazón en una manera muy dulce, y me dijo: "¿Quieres aprender algo?"

A lo que contesté: "Claro que sí."

Solo que no sabía que Dios muchas veces no explica las reglas del juego, aunque Él nos ama y tiene cuidado de nosotros siempre.

Me dijo, ponte en pie, así que lo hice y esperé un rato. Luego vi que el pastizal de la finca de Jaragua se movía por un viento fuerte que soplaba del Este hacia el Oeste, que de acuerdo a la posición en la que yo estaba, era de frente. Me giré alrededor y vi que todos los potreros se movían, pero las ramas de los árboles y arriba de la roca no se movía nada. Me pareció extraño que el viento solo soplara fuerte en la parte de abajo.

Luego cesó el viento en la parte inferior, se hizo silencio otro rato y luego comenzó a soplar el viento en las ramas bajas de los árboles, pero en el pastizal y arriba donde yo estaba no soplaba ni una brisa. Era tan fuerte ese viento que quebraba las ramas secas, y luego vino el viento arriba: primero sopló suave y fue subiendo su velocidad al grado que ya tenía que inclinarme para que el viento no me lanzara al abismo. Tuve miedo de que el viento me tirara y muriera en la caída, así que clamé al Señor y grité: "¡Jesús, ayúdame!"

Me contestó su Espíritu: "Tienes la autoridad, úsala." Entonces le grité al viento: "¡Cálmate y deja de soplar, en el nombre de Jesús, te lo mando!"

De inmediato el viento paró, de forma instantánea. Yo mismo me asusté de ver lo que ocurrió en ese instante.

Entonces me arrodillé y lloré ante el Señor, y le pregunté: "¿Qué es lo que tengo que aprender de todo este evento?"

El Espíritu me lo explicó en mi corazón diciendo: "Hay poder en el nombre del Señor Jesús, pero la Iglesia, debido a su incredulidad, no hace uso de ese poder ilimitado para hacer milagros y prodigios."

Sueño sobre la iglesia y el mundo

Un día del año 1990 recuerdo que empecé un ayuno de varios días en esa misma roca, ya que no vivía en la ciudad de Liberia, para ese entonces ya vivíamos en La Uruca, en San José.

El tercer día del ayuno tuve un sueño que describo a continuación:

Yo estaba frente a una laguna de lodo, y esta laguna movía su líquido espeso como si tuviera corrientes. Por encima pasaba un cable de electricidad, todo estaba oscuro y en el centro del cable había un gran bombillo prendido que era la única luz que iluminaba la laguna. Este bombillo estaba como a un metro sobre el nivel del lodo.

De pronto el lodo comenzó a girar como si fuera un remolino, e hizo como un hueco que trataba de succionar el bombillo. Este bajaba bastante, pero cuando dejaba de girar, el bombillo volvía a la altura en que estaba. Varias veces sucedió este evento, y el lodo giraba en diversas direcciones.

Me pregunté qué significaba esas cosas, y Dios habló a mi corazón explicándome el evento. El bombillo representa la Iglesia, una iglesia local o un cristiano en forma individual. Y el lodo es el mundo, que ha tratado de atrapar a la iglesia a través de la historia con pruebas, maltratos, rechazos, ataques, etc. Pero la iglesia ha sido guardada por su Santo Espíritu, que es el cable que nos sostiene y nos da la energía para poder alumbrar este mundo.

Pero luego de la explicación sucedió algo extraño. El lodo comenzó a hacer burbujas grandes y a tirar lodo sobre el bombillo, y noté que la luz se comenzó a opacar. No entendía lo que estaba pasando, así que el Espíritu me volvió a hablar y me explicó que el mundo por siglos ha luchado contra la Iglesia, con ataques de diversa naturaleza, pero la Iglesia ha prevalecido; pero que en los últimos tiempos el mundo iba a luchar diferente, tratando de que la Iglesia deje de ser luz al mundo, atacando en forma individual a cada cristiano o a iglesias locales. Iba a influenciarla con doctrinas alejadas de las Escrituras, modas del mundo, costumbres paganas disfrazadas de cristianismo, con filosofías, psicologías huecas y hasta ateas. Que iba a usar una estrategia de tratar de pegar al mundo a la iglesia, envolver a la Iglesia de mundo para opacar la luz que debemos de dar. Además, que es labor de los pastores el estar limpiando ese precioso "bombillo" del mundo oscuro. Predicando la doctrina que la Palabra dice, evangelizando y visitando a los heridos en la batalla. El Espíritu me hizo sentir triste porque muchos mal llamados pastores solo eran asalariados que no les importa el rebaño. Como la Biblia lo dice en Ezequiel:

"Hijo de hombre, profetiza contra los pastores de Israel; profetiza, y di a los pastores: Así ha dicho Jehová el Señor: ¡Ay de los pastores de Israel, que se apacientan a sí mismos! ¿No apacientan los pastores a los rebaños?

Coméis la grosura, y os vestís de la lana; la engordada degolláis, mas no apacentáis a las ovejas.

No fortalecisteis las débiles, ni curasteis la enferma; no vendasteis la perniquebrada, no volvisteis al redil la descarriada, ni buscasteis la perdida, sino que os habéis enseñoreado de ellas con dureza y con violencia.

Y andan errantes por falta de pastor, y son presa de todas las fieras del campo, y se han dispersado.

Anduvieron perdidas mis ovejas por todos los montes, y en todo collado alto; y en toda la faz de la tierra fueron esparcidas mis ovejas, y no hubo quien las buscase, ni quien preguntase por ellas.

Por tanto, pastores, oíd palabra de Jehová:

Vivo yo, ha dicho Jehová el Señor, que por cuanto mi rebaño fue para ser robado, y mis ovejas fueron para ser presa de todas las fieras del campo, sin pastor; ni mis pastores buscaron mis ovejas, sino que los pastores se apacentaron a sí mismos, y no apacentaron mis ovejas;

por tanto, oh pastores, oíd palabra de Jehová.

Así ha dicho Jehová el Señor: He aquí, yo estoy contra los pastores; y demandaré mis ovejas de su mano, y les haré dejar de apacentar las ovejas; ni los pastores se apacentarán más a sí mismos, pues yo libraré mis ovejas de sus bocas, y no les serán más por comida.

Porque así ha dicho Jehová el Señor: He aquí yo, yo mismo iré a buscar mis ovejas, y las reconoceré.

Como reconoce su rebaño el pastor el día que está en medio de sus ovejas esparcidas, así reconoceré mis ovejas, y las libraré de todos los lugares en que fueron esparcidas el día del nublado y de la oscuridad." Ezequiel 34:2-12

Esa tarde llegó un joven a donde me encontraba en ayuno y me contó que Dios le había mostrado ese mismo sueño, y que el Señor le había dicho que viniera a la loma, ya que ahí Él le mostraría el significado de ese sueño.

Hablamos largo rato sobre la negligencia de los pastores a nivel mundial. No visitan a nadie, no evangelizan, no predican de acuerdo con las Escrituras, dan talleres de filosofía y psicología, solo auto justificaciones huecas, que hay iglesias que parecen un club y no el pueblo santo de Dios, y mucho más.

Claro que habrá ciertos pastores que sí hacen su papel responsable ante Dios y sus congregaciones. De Dios tendrán su recompensa.

Sueño sobre el Anticristo

A inicios del año 1987 yo ya tenía unos 4 años de estar en el Señor y tenía mucho apetito de aprender de la Palabra. Ya me había leído por primera vez la Biblia, iba a estudios bíblicos que daban en la iglesia los martes y también estaba llevando estudios bíblicos por correspondencia con la iglesia Asambleas de Dios del ministerio del siervo Jimmy Swaggart, (me gustaría recordarles a todos los santos que sirven en la iglesia de Jesucristo, que el diablo les va a atacar con todo lo que tiene, así que *"el que dice estar firme, mire que no caiga"*) y reconozco que Dios me dio mucha bendición con este ministerio. Yo no juzgo a nadie, Dios es el Juez de todo ser humano.

Creo que por este apetito de conocer de Dios el Señor me dio un gran maestro de la Palabra, mi tío Francisco Cabezas Rojas, a quien le decíamos tío "Paco". Este tío era hermano de mi papá y era un siervito muy especial y lleno de amor. Con este tío comencé a estudiar temas más bien profundos y delicados.

Él venía a visitarnos a la casa unas dos veces por año, permanecía en casa algunos días y luego seguía con su obra misionera. Cuando yo le comencé a hacer preguntas del libro de Apocalipsis, me remitió a leer los profetas mayores, luego me puso a leer varias veces el libro de Daniel, hasta que un día nos sentamos a estudiar sobre este profundo libro y el tercer día tocamos el tema del anticristo, tema que no lo pudimos profundizar mucho ya que el siguiente día se fue de casa a sus misiones.

Como un mes después tuve este sueño del Anticristo:

Soñé que estaba en un jardín bastante bonito, pero era extraño, había arbustos con espinillos, pocas flores y había muchas enredaderas con espinas. No se sentía un ambiente agradable, había cierta tensión en el aire o algo que uno presentía que iba a ocurrir de forma desagradable. Caminé por esos senderos hasta que llegué a una zona sin vegetación y vi que en esa pequeña plaza había una especie de huevo grande, como de unos dos metros de alto, era de vidrio transparente y adentro estaba un hombre de pie, pero con el cuerpo vuelto hacia atrás, como retorcido, de tal forma que sus pies estaban hacia el frente, con su mirada y rostro hacia atrás.

Cuando le vi, sentí cierto temor, pues emanaba maldad. Le pregunté al Señor: "Señor Jesús, ¿por qué estoy aquí? ¿Y quién es él?

El Espíritu me contestó: "Tú has deseado saber sobre el anticristo. Ése es el Anticristo."

Yo le dije: "Pero Señor, no se le ve el rostro."

El Señor contestó: "No es necesario que lo veas."

Yo insistí: "Yo quiero verle el rostro, recuerda que la iglesia no le verá su cara, ya que estaremos contigo."

Entonces me movieron lentamente hacia donde él estaba viendo y cuando vi su rostro, él me miró y habló cosas, más no escuché lo que decía, ya que el recipiente donde estaba era grueso. Pero me miró con desprecio, malicia y maldad. Sentí cierta repulsión de parte de él, cierta arrogancia. Lo reprendí en el nombre de Jesús, más él se burlaba de mí. Fue desagradable el rato que le vi, y sentí desprecio a su persona.

Digo lo que vi. El rostro era igual que el actor Richard Dean Anderson, el que interpretaba la serie de los años 80 llamada "MacGyver."

Me impactó, ya que en ese tiempo yo acostumbraba a ver esta serie, la cual se caracterizaba por ser una película no bélica, en la que este actor resolvía cualquier dificultad con imaginación e ingenio.

Luego que le vi, fui transportado a un gran salón con capacidad para unas cinco mil personas, y al fondo había un escenario bien alto. El hombre del huevo estaba de pie, en el centro de izquierda a derecha y en el borde al frente, agitaba sus manos hacia arriba.

En la parte de atrás había una gran manta o bandera grande, con un dibujo de un águila, de las mismas que usó el imperio romano y con símbolos extraños alrededor del águila. Al lado derecho del personaje había un grupo de unos quinientos individuos vestidos de blanco, con batas largas y gorros, se ponían de pie y luego se arrodillaban con rostro en tierra, y sus manos en dirección al personaje, como adorándole. Al lado izquierdo había otro grupo de unos quinientos individuos vestidos iguales y hacían lo mismo, pero con traje negro.

Luego me movieron hacia el escenario, y entonces vi que debajo de donde estaba ese hombre había como un abismo, y que fuego salía intensamente de algunos lugares. En otro sitio de ese abismo había como grupos de bestias y estos seres le gruñían, gritaban y hasta adoraban al personaje del escenario. Estos seres eran demonios.

Sentí un extraño temor, se percibía mucha maldad en ese lugar, y temía que en algún momento yo fuera visible a alguno de los que se encontraban ahí. Dios me dio confianza, como una sensación de paz, diciéndome que estuviera tranquilo, ya que ellos no me podrían ver.

Al observar todo esto le pregunté al Señor sobre el significado de esta visión.

El Espíritu me dio respuesta de algunas cosas y me dijo: "El personaje es un símbolo de lo que ocurrirá con el anticristo, los servidores vestidos de blanco son sacerdotes de Satanás, los cuales adorarán al anticristo y del cual reciben poder. Estos sacerdotes pasan desapercibidos para la gente. Los servidores vestidos de negro son sus ministros y propagadores de obras del diablo, hechiceros, magos, brujos y adivinos, quienes reciben el poder de los sacerdotes que adorarán a la bestia. Los seres del abismo son espíritus malignos y demonios que adorarán a la bestia, y que a su vez le darán poder a ese personaje para que haga el mayor daño posible a la humanidad.

Luego que vi todo esto, me retiraron a la parte de atrás y salí de ese templo, donde había una multitud incontable que adoraba al que estaba dentro y hasta se postraban con rostro en tierra. Eran como de muchas culturas, ya que vestían diferente.

Me desperté como agitado y con temor. No fue de mi agrado ver y sentir toda esa maldad, así que estaba como triste.

Días después yo me preguntaba por qué el anticristo se me había presentado en forma de ese actor. Quería saber si realmente tendría esa apariencia o sería ese personaje el que iba a encarnar al anticristo.

Conté a varias personas el sueño en la iglesia, pero no me pudieron contestar. No fue hasta que llegué a la iglesia Rosa de Sarón y conocí a una sierva muy usada por Dios en la liberación de cautivos y en dones del Espíritu Santo llamada Lina Alfaro.

Le conté el sueño y mi inquietud. Ella me sorprendió con su respuesta: "Dios ya me dijo que alguien me iba a preguntar sobre el anticristo y ya tengo su respuesta. Lo que usted vio es solo una ilustración de ese ministerio de maldad. Así como ese actor es joven y popular, cuando llegue ese momento la gente lo recibirá y llegará a ser muy apetecido y popular ante las multitudes, llegarán incluso a amarlo tanto que hasta lo adorarán.

Además, en esa serie de televisión ese joven resuelve cualquier problema con la herramienta más inesperada. El anticristo será la solución a grandes problemas mundiales, pero usando artimañas engañosas y mentiras. Vea lo que la Biblia dice en el sentido de cómo el mundo verá a ese hombre: Como su cristo, su salvador y su dios. Eso indica que no tendrá el rostro de ese actor, sino que es solo una ilustración de la popularidad y la forma en que resolverá los problemas de su entorno.

"Vi una de sus cabezas como herida de muerte, pero su herida mortal fue sanada; y se maravilló toda la tierra en pos de la bestia, y adoraron al dragón que había dado autoridad a la bestia, y adoraron a la bestia, diciendo: ¿Quién como la bestia, y quién podrá luchar contra ella?

También se le dio boca que hablaba grandes cosas y blasfemias; y se le dio autoridad para actuar cuarenta y dos meses.

Y abrió su boca en blasfemias contra Dios, para blasfemar de su nombre, de su tabernáculo, y de los que moran en el cielo.

Y se le permitió hacer guerra contra los santos, y vencerlos. También se le dio autoridad sobre toda tribu, pueblo, lengua y nación.

Y la adoraron todos los moradores de la tierra cuyos nombres no estaban escritos en el libro de la vida del Cordero que fue inmolado desde el principio del mundo. Si alguno tiene oído, oiga." Apocalipsis 13:3-9

Sueño sobre el rapto

Este sueño ocurrió al inicio del año 1987. En ese tiempo me gustaba ver películas donde aparecía la actriz mexicana Sara García, donde hacía el papel de una abuelita muy dulce pero autoritaria, pues hacía gracia con sus acciones cómicas e imponía orden.

Una noche soñé que yo estaba en una sala mediana, con varias personas que estaban riéndose con el evento. En el centro había una mesa rectangular de unos cuatro metros de largo por unos tres metros de ancho. Sobre la mesa estaba esa actriz, pero muy mayor, con ropas largas y una enagua volada y zapatos de tacón alto. Ella inició a danzar y su aspecto comenzó a cambiar, como que se iba rejuveneciendo conforme iba danzando. Entonces escuché una voz detrás de mí, fuerte y con autoridad. Intenté volverme a ver quién hablaba y no pude volver a ver atrás. Esta voz se repetía una y otra vez: "Lo que estás viendo no es cierto... es mentira... es una ilusión... no lo creas..."

Yo me preguntaba, del cómo no era cierto si ante mis ojos iba cambiando, hasta llegar a una edad muy joven. La gente le aplaudía con regocijo su danza y el poder rejuvenecerse ante sus ojos.

Luego todos desaparecieron, y sobre esa misma mesa vi un montón de fichas como de plástico, de aproximadamente entre uno y dos centímetros, de diversos colores y formas geométricas, las había triangulares, cuadradas, circulares y rectangulares.

Todas las fichas estaban amontonadas en el centro, y eran cientos de ellas. Luego apareció como una nube resplandeciente en el cielo raso del salón, la nube era grande, quizás de unos seis metros de longitud. La nube bajó un poco, a una distancia de un metro de donde estaban las fichas.

De pronto escuché como un sonido de cuerno o trompeta en el aire. Suspiré profundo y pensé que tal vez ya era la venida del Señor.

Las fichas comenzaron a subir rápidamente, metiéndose dentro de la nube; pero noté que no todas subían, a pesar de que dos fichas quizás, tenían la misma forma, tamaño o color, una subía y la otra se quedaba. Eso me llamó la atención.

El Espíritu Santo me preguntó: "¿Qué te sorprende?"

Le contesté: "Que unas suben y otras no, ¿cómo saben cuál debe subir y cuál no?"

Lo que me contestó fue esto: "Solo el que es nueva criatura se irá con el Señor, y esa diferencia solo se nota por dentro, no en el físico, ni color, el tamaño u otra semejanza."

Vea lo que dice la escritura:

"Pero del día y la hora nadie sabe, ni aun los ángeles de los cielos, sino sólo mi Padre. Mas como en los días de Noé, así será la venida del Hijo del Hombre.

Porque como en los días antes del diluvio estaban comiendo y bebiendo, casándose y dando en casamiento, hasta el día en que Noé entró en el arca, y no entendieron hasta que vino el diluvio y se los llevó a todos, así será también la venida del Hijo del Hombre.

Entonces estarán dos en el campo; el uno será tomado, y el otro será dejado. Dos mujeres estarán moliendo en un molino; la una será tomada, y la otra será dejada.

Velad, pues, porque no sabéis a qué hora ha de venir vuestro Señor." Mateo 24: 36-42

Después fui transportado al espacio y vi que me encontraba sobre una especie de nube que viajaba a gran velocidad. Mi cuerpo era el de una ficha azul y triangular.

Entonces dije: "El Señor es lindo, me ha perdonado y fui encontrado digno para irme con Él."

Comencé a llorar de alegría y a gritar con fuerza: "Gloria a Dios… ¡Aleluya!"

Y dentro de mí pensaba: "cuando llegue a donde Jesús, me tiraré a sus pies y los besaré, si me permite, dándole gracias por haberme salvado sin merecerlo."

Desperté con lágrimas en mi rostro. Lleno de alegría. Vea lo que dice la Biblia:

"Respondió Jesús y le dijo: De cierto, de cierto te digo, que el que no naciere de nuevo, no puede ver el reino de Dios.

Nicodemo le dijo: ¿Cómo puede un hombre nacer siendo viejo? ¿Puede acaso entrar por segunda vez en el vientre de su madre, y nacer?

Respondió Jesús: De cierto, de cierto te digo, que el que no naciere de agua y del Espíritu, no puede entrar en el reino de Dios.

Lo que es nacido de la carne, carne es; y lo que es nacido del Espíritu, espíritu es." Juan 3:3-6

"Mas ¿qué dice? Cerca de ti está la palabra, en tu boca y en tu corazón. Esta es la palabra de fe que predicamos: que si confesares con tu boca que Jesús es el Señor, y creyeres en tu corazón que Dios le levantó de los muertos, serás salvo.

Porque con el corazón se cree para justicia, pero con la boca se confiesa para salvación. Pues la Escritura dice: Todo aquel que en él creyere, no será avergonzado." Romanos 10:8-11

Estimado lector: la Palabra de Dios es clara y en este momento, si no lo has hecho en tu vida, te invito a que recibas a Jesús en tu corazón para que cuando Cristo regrese por Su pueblo, tú también te puedas ir con Él. Jesús no es tu enemigo, ya pagó por ti todo lo necesario para que entres a Su patria celestial. La salvación es gratis. Te invito a que repitas en voz alta esta oración:

Señor Jesús, soy pecador y reconozco que no puedo salvarme por mí mismo, mas ahora reconozco que tú moriste para pagar por mi culpa. Te invito a que entres a mi corazón, me limpies de toda maldad y rebelión. Sé Tú mi salvador y mi Señor desde ahora y para siempre, me declaro un hijo de Dios por la eternidad. Amén.

3. Experiencias durante los años 1988 al 1996

Una bruja me visita para matarme

En este tiempo tuve el privilegio de trabajar en el ministerio Teen Challenge, que es un ministerio dirigido en ese entonces por el pastor Walter Garro, que se encargaba de la rehabilitación de jóvenes en adicción. A este ministerio me referiré en varias ocasiones, por las experiencias que Dios me mostró y enseñó ahí.

En esta ocasión, a finales del año 1990, el pastor Walter Garro me invitó a predicar en su iglesia en el centro de Desamparados, en unas instalaciones de un antiguo cine, al costado sur del templo católico. Recuerdo que era un día sábado. El culto inició un poco como opacado, hasta a la guitarra se le reventaron las cuerdas. Noté en la congregación un tipo de adormecimiento, lo cual no era usual, pues esa iglesia era muy efusiva en la alabanza y adoración a Dios.

Finalmente me tocó pasar a predicar y a mitad de la predicación cerré mis ojos por un momento. Se me abrió como una pantalla pequeña y pude ver a una mujer en sombras con un jarrón en su mano, y oí risas a carcajadas que provenían de esa mujer, y también sentí como una especie de maldad que ella estaba haciendo. Entonces hablé fuera del micrófono y dije: "Te reprendo bruja, hija del diablo, en el nombre de Jesús. Quiebro tu hechizo por el poder que Jesús me ha dado."

A continuación, vi que tenía un jarrón en sus manos, este se quebraba en pedazos y ella, con ira, lanzaba por el aire la agarradera del jarrón.

La iglesia reaccionó de forma instantánea, se puso de pie y entramos en una adoración muy preciosa. El culto terminó como a las 9:30 pm. El pastor Walter me dijo que me dejaría en la parada de la Uruca en San José, que iba a ir con toda su familia en una buseta que tenía. Pero de camino me preguntó directamente qué era lo que había visto en la visión. Me tomó de sorpresa, ya que no le había dicho nada sobre lo que vi a nadie. Le pregunté que cómo sabía que yo había visto una visión. El pastor me contestó que el mismo Dios al que yo servía y me había dado la visión, era el mismo al que él servía.

Me reí y le conté todo lo que había visto. Luego me dijo que había una bruja y adivina que vivía cerca de ahí, y que tenía un consultorio de brujería. Yo le pregunté si habían hecho algo en oración y ayuno para cancelar esa inmundicia. Le dije: "Usted sirve al único Dios vivo, eche a esa hija del diablo del cantón y átela para que no se meta esa atrevida con las cosas de Dios."

Se sonrió el pastor y luego me dijo: "tomo sus palabras y de fijo entraremos en guerra espiritual. De fijo que esta misma semana pongo en alerta a toda la iglesia."

Me dejó en la parada antes mencionada. Tomé el bus y me fui para la casa que alquilábamos en la esquina sureste de la plaza de la Uruca.

Cuando llegué a la casa noté algo muy extraño. Al momento no fue muy notable, sino hasta al rato, por lo que ocurrió después.

Dentro de la casa hacía mucho frío, estaba más helado que afuera, y eso no es lógico ya que la casa estaba cerrada y tenía cielo raso. Recuerdo que eran casi las once de la noche, era invierno, por lo que había un poco de neblina afuera, y la noche estaba muy fría; pero dentro de la casa se sentía el frío aún más. Yo me puse los pijamas y decidí acostarme sin pensar demasiado el por qué la casa estaba tan fría.

Me dormí y tuve un sueño raro, en el cual yo paseaba por un parque. De pronto vi una mujer un poco madura, pero de feo aspecto, esa mujer me amenazó diciendo que me iba a matar y quiso acercarse a mí, pero no pudo moverse, como que estaba fijada por los pies al suelo. Yo le dije: "Bruja, que el Señor Jesús te reprenda. Bruja, te quemo con el fuego de Dios."

Y desperté agitado, estaba como medio dormido y cansado a la vez. En ese instante oí una voz audible pero fuerte que me dijo: "Ore ya mismo."

Brinqué de la cama, me senté en el respaldar, vi el reloj que marcaba las 12:15 am y pensé que recién hacía una hora que me había acostado y que estaba con mucho sueño, pero luego pensé en la voz que escuché, así que procedí a orar y a darle gracias a Dios por todo lo que Él había hecho en el templo de Desamparados.

De pronto, y con la vista cerrada, vi una figura humana junto a mi cama, como a un metro de la orilla, la cual parecía estar formada de un humo gris. Salté del susto y abrí los ojos en lo oscuro, no vi nada y cerré la vista, pero de nuevo logré apreciar esa figura que estaba de pie ante mí. Pensé que soñaba, así que me pellizqué el brazo izquierdo y reaccioné para gritar, pero no pude. No podía ni salir de la cama. Dios me hablaba a mi corazón diciéndome que tuviera calma, que Él estaba conmigo. Me serené al sentir la dulce presencia de Dios en mí y procedí a preguntarle a esa figura en voz muy baja, que era lo único que me salía: "¿Quién eres?"

La figura se movió hacia afuera del cuarto, abrí los ojos y vi donde la cortina del cuarto se levantó y salió esa figura, que a continuación entró al cuarto de mis padres. El Espíritu me dijo que la bruja quería entrar en el cuerpo de mi papá para poder hablar a través de él, y que se lo prohibiera. Entonces dije: "Cubro con la sangre de Cristo a papá y le prohíbo tocarle."

La figura salió del cuarto de mis padres y se quedó en la sala dando vueltas alrededor de la mesa de centro del juego de sala.

De inmediato le pregunté a Dios quién era esa figura. Entonces el Espíritu me explicó que era la bruja que reprendí en el templo, y que me había seguido hasta la casa en cuerpo astral. Me mostró en la mente lo mismo que había visto en el templo y cómo Dios le había quebrado su hechizo. Hasta me dijo su nombre, que se llamaba Mayra, y que ella formaba un capítulo de hechicería de Desamparados. Hasta pude ver su casa que era verde y vivía en Calle Fallas. Pude ver su rostro, era morena, gruesita y de pelo corto. La vi caminando por las calles de Desamparados.

Luego le pregunté a Dios el por qué no se iba y me dijo que yo no le había dado órdenes, le pregunté sobre eso de las órdenes y qué significaba. El Espíritu me respondió que yo podía pedir lo que quisiera en el nombre de Jesús y así sucedería, que recordara lo que estaba escrito en Juan, donde se menciona acerca de nuestra autoridad. Este versículo se repetía en mi mente en forma constante:

"Y todo lo que pidiereis al Padre en mi nombre, lo haré, para que el Padre sea glorificado en el Hijo." Juan 14:13

Entonces con voz más fuerte dije así: "Bruja, hechicera, escucha. Si yo pido que tu alma descienda ahora mismo al infierno, tu cuerpo se enfriará y tú morirás, mas no lo voy a hacer por la misericordia de Dios. Ahora vete de esta casa y vuelve a tu cuerpo, pero no quiero que toques a nadie de mi familia ni te entrometas en mi vida o en los caminos de Dios. Vete... en el nombre de Jesús te lo mando." La figura salió atravesando la pared de afuera y se fue.

Aclaro que yo podía ver todo con los ojos cerrados y no con los ojos abiertos. Cuando la bruja se fue, me cobijé con mucho temor y temblor. Ahí Dios me dio su paz y consuelo hasta que me dormí. El Espíritu me dijo que ella pretendía tocarme, y que si lo hubiera hecho me habría matado. Pero Él me había protegido. GLORIA A DIOS POR SU AMOR Y PROTECCIÓN PARA CON SU PUEBLO.

Un ángel libera a un hombre en la iglesia Rosa de Sarón

A fines del año 1990 ya me congregaba en esta linda iglesia, ubicada al lado norte de la ciudad de San José, y pastoreada por el siervo José Luis Madrigal. Dios usa mucho esta iglesia en la liberación de cautivos. Ahí me desempeñaba como maestro de jóvenes en la Escuela Dominical.

Un domingo, en el culto de la tarde de 3 a 6 pm, apareció un hombre endemoniado haciendo un gran desorden. Lo bajaron a la oficina de ministración y ahí se oía la batalla espiritual que se desató hasta que Dios prevaleció. Ese domingo terminó el culto y nos fuimos a casa.

Pero el domingo siguiente, durante la adoración, se escuchó otra vez el escándalo del mismo endemoniado. Supe que era el mismo ya que lo pasaron frente a donde estaba mi madre y yo, entonces vi que era la misma persona.

El tercer domingo sucedió la misma escena, con la misma persona y fue cuando el hermano pastor José Luis dijo que deseaba hacer un ayuno congregacional y pedía que le acompañaran en ese ayuno durante la semana siguiente, lo pidió en forma voluntaria. Yo fui uno de los que levantaron la mano para ayunar un día de la semana siguiente. Elegí el día domingo de esa semana para hacer el ayuno. Lo terminé como a las 2 pm en la cocina de la iglesia, ya que estábamos en un estudio de Apocalipsis.

El culto empezó y todo se repitió de igual forma que los domingos anteriores, y fue ahí donde sucedió lo extraordinario.

El pastor dijo que no lo bajaran al cuarto de ministración, sino que lo llevaran abajo del púlpito, lo que comúnmente denominamos el altar. Cerré la vista para orar y una pantalla se abrió en mi mente, podía ver toda la congregación, que eran como unas 1500 personas, y era extraño, porque como que yo flotaba sobre la gente.

En el pasillo donde yo estaba, en la parte de atrás, pude ver un gran ángel de más de dos metros de altura. Me asusté de lo que veía, así que abrí mis ojos al instante, pero ya no pude ver al ángel. Los cerré nuevamente y volví a ver el ángel, pero esta vez también vi que en otros dos puntos del templo había otros ángeles, es decir que eran tres en total, de igual aspecto los tres, pero con diferentes rostros.

Tenían el pelo recortado y, si bien emanaban dulzura en su mirada, estaban serios, tenían alas grandes, un traje blanco como la luz y cegaba la vista el verlos. Sus rostros eran de jóvenes de unos 25 años aproximadamente. Traían como botas plateadas, sus manos eran del color de la plata, y las traían levantadas a la altura del pecho, hacia adelante, y también portaban espadas en sus cinturas. El pastor comenzó a orar y a reprender, a atar al demonio que estaba dentro del caballero. Los ángeles se movieron simétricamente, o sea, al mismo tiempo, caminando rápido en dirección al púlpito.

Al pasar por el pasillo donde yo estaba, abrí los ojos para ver si podía verlos, mas no vi nada, pero sí sentí como un viento que pasó frente a mí. Volví a cerrar los ojos y ahí iban los ángeles caminando a paso rápido, como que marchaban de forma simétrica.

Ahí en el suelo estaba el hombre endemoniado, algunos servidores estaban orando alrededor y el pastor en la parte de arriba, en el púlpito. Los ángeles rodearon al hombre y se detuvieron. Cuando el pastor pidió que todos a una misma voz íbamos a ordenar que el demonio saliera en el nombre de Jesús, contó hasta tres y dijo algo así: "Demonio de lascivia, ¡sal fuera en el nombre de Jesús!"

Dos ángeles metieron las manos dentro del hombre y sacaron algo como pegajoso, con la forma de un dragón o lagarto, con cola y alas cortas, el aspecto de ese ser era como rojizo oscuro, sacaba una lengua como la de una serpiente y tenía colmillos (ahora puedo compararlo a Godzilla pero en pequeño).

Los ángeles lo levantaron en el aire y sacaron una espada plateada, con una mano lo sostenían y con la otra mano le pusieron la espada en la garganta, el otro ángel le puso la espada en la espalda y caminaron hacia fuera del templo. El demonio movía la cola y las patas como si fuera a correr. El pastor ordenó que descendiera al abismo, a prisiones de oscuridad hasta el día del juicio final. Los ángeles volaron hacia arriba y se fueron con ese "lagarto". Y la visión se me cerró en la mente.

No le dije a nadie, pero todo lo que vi fue bastante impactante para mí.

Una visita de ángeles a la iglesia Rosa de Sarón

Esta experiencia es compleja, pero puedo decir y aseguro que eran ángeles. Juzguen ustedes, estimados lectores.

Un sábado del año 1991 fui a un culto de jóvenes como de costumbre. Recuerdo específicamente ese día porque me sentía muy desanimado, no me acuerdo de la razón por la que me sentía así, pero en esa época recién había muerto mi abuelita materna, así que quizás era eso lo que me aquejaba.

Llegué al templo de Rosa de Sarón a eso de las 5 pm, ya que al inicio del culto se hacían reuniones de oración hasta las 6 pm. Venía mirando al suelo y un poco pensativo, aunque por ahora tampoco recuerdo en qué venía sumido, pero estaba muy concentrado, de tal forma que no venía viendo nada de mi entorno.

Al llegar a la entrada del portón, levanté la mirada y vi que del lado norte venían tres jóvenes bajitos de estatura, de aspecto moreno. Parecían indígenas, su vestimenta era sencilla, con colores parecidos a los que usan los nativos de mi país. Ninguno traía nada en sus manos, solo el de adelante portaba un pequeño bolsito cruzado en su cuerpo y parecía que contenía un libro grueso, como una biblia pequeña.

Cuando llegamos al portón lo hicimos al mismo tiempo. El joven de adelante me saludó muy amablemente, les pedí que entraran primero, pero el joven adelante se negó y con una sonrisa me dijo: "pase usted, por favor, hágame el honor."

Así que pasé primero, y en el templo me encontré con un hermanito de la fe al que saludé con un abrazo y me quedé hablando con ese joven. Noté que los tres jóvenes miraron alrededor y el de adelante dijo: "Sí, esta es la iglesia."

Luego le preguntaron a una joven si en esta iglesia había una reunión de oración de jóvenes, y ella les explicó que esa reunión se realizaba en el parqueo de autos ubicado en la planta baja del templo. La joven le señaló las gradas por donde tenían que bajar. A continuación, los tres jóvenes bajaron a la reunión. Por mi parte terminé de hablar con mi hermanito y bajé a la oración, casi detrás de ellos.

Pero recordé que tenía que hacer una llamada telefónica a una de mis hermanas, así que me dirigí a donde estaba el teléfono público, también abajo, en el parqueo. Al llegar vi que uno de ellos, el del bolsito, estaba en la fila, y cuando me vio llegar, el joven me dijo: "Pase usted primero".

Yo le insistí y le dije: "No, usted ya me dio el campo en la entrada del portón. Llame usted primero, por favor."

A lo que aceptó y se aproximó al teléfono, no recuerdo con precisión si echó alguna moneda, pero habló casi de inmediato. Usaré un nombre de la joven a la que me voy a referir.

El joven dijo esto: "Hola Jenny, sé que en tu mente tienes ganas de cometer un gran error…" Escuchó un poco y procedió: "El suicidio no es la solución, Dios te ama más de lo que piensas, véngase ya al culto de jóvenes de la Iglesia Rosa de Sarón, Dios tiene hoy algo bueno para ti."

Y colgó, me pareció lo más normal, nada extraña su conversación sino hasta más tarde que pensé en esto.

Yo hice la llamada a mi hermana y me fui al grupo de la oración. Cuando llegué a la esquina donde estaba el grupo de jóvenes orando, abrí la cadena de manos de dos personas y como las luces estaban apagadas, no vi bien quiénes eran, pero al rato sentí algo extraño en las manos, la palma de la mano del lado izquierdo estaba caliente y sudaba, lo que es perfectamente normal al tener las manos agarradas y en movimiento por la oración.

Pero en la mano del lado derecho noté que no había calor, la mano era muy suave y no sudaba. Entreabrí mis ojos y noté que en lado izquierdo tenía a una joven conocida del grupo y en el lado derecho estaba uno de esos jóvenes del grupo de tres. Al principio pensé que tal vez ese joven venía con frío y que seguro trabajaba en una oficina, que por eso tenía las manos tan suaves.

Luego vino lo extraño, pues cuando le tocó orar a este joven, decía palabras muy raras, tales como: "Oh, Dios Altísimo y Todopoderoso Señor, bendice a tu pueblo que has lavado con tu Sangre preciosa."

Al decir "a tu pueblo que has lavado con tu sangre" no se incluía, como si él no fuera del pueblo lavado por la sangre de Jesús, cuando en realidad no hay humano que pueda pertenecer al pueblo de Dios si no ha sido lavado con la sangre preciosa del Cordero, pues fuera de Jesús no hay salvación.

Decía cosas como estas: "Oh, Dios Santo. Tú nos has enviado para proteger a tu pueblo la iglesia y traer bendición en nuestras manos."

Obvio que frases como estas no son aplicables a humano alguno, son funciones propias de los ángeles, según el libro de Hebreos:

"Pues, ¿a cuál de los ángeles dijo Dios jamás: Siéntate a mi diestra, hasta que ponga a tus enemigos por estrado de tus pies? ¿No son todos espíritus ministradores, enviados para servicio a favor de los que serán herederos de la salvación?" Hebreos 1:13-14

Entonces abrí mis ojos y recuerdo que me quedé viéndolos por unos instantes, y noté que los tres decían cosas como esas. En el tono de sus voces se podía distinguir que oraban con mucha reverencia y respeto profundo.

Luego vino el Espíritu Santo sobre una joven y comenzó a hablar en lenguas en voz alta y dijo: "Jenny, yo te he traído aquí con un propósito para tu vida, el suicidio no es la solución, Yo estoy aquí para sanar tu vida."

Inmediatamente luego de estas palabras una joven rompió en llanto vivo, y pidiendo perdón a Dios se tiró de rodillas.

Al suceder esto, el Espíritu llenó a varias personas con el don de lenguas. Desde que el Espíritu comenzó a ministrar, los jóvenes soltaron las manos de la cadena y se tiraron con rostro en tierra y pusieron las manos hacia adelante. Los tres lo hicieron en forma rápida y conjunta, o sea, se movían simétricamente, luego oraron fuerte: "Santo, Santo, Santo es el Señor Dios Todopoderoso... Te adoramos, majestuoso Señor..."

Así permanecieron, orando con frases de adoración profunda, hasta que la manifestación del Espíritu cesó. Además, repetían esas frases en forma constante, con mucha reverencia.

Yo abría los ojos de vez en cuando y noté que ellos permanecían en el suelo en la misma posición. Las manos las tenían extendidas al centro del grupo de oración.

De inmediato pensé que ellos eran ángeles con cuerpos humanos y pensé en varias cosas que me indicaban que no era común en humanos lo que estaba sucediendo. También pensé que cuando terminara la oración iba a ir con el líder de jóvenes (Walter) para presentarle a estas tres personas, y que luego les preguntaría por qué oraban de esa forma. Pensé que como los ángeles no pueden mentir, yo les iba a preguntar si eran ángeles, tendrían que admitirlo y de ser así hacerle muchas preguntas sobre la Biblia, la creación, el cielo y mucho más.

Al terminar el momento de oración procedí a ir al frente mío, donde estaba Walter, y le mencioné que teníamos la visita de tres jóvenes. Caminé unos 10 metros en forma rápida. El líder me preguntó que dónde estaban, así que me volví a ver al lugar de donde había venido y no los vi. Le dije al líder que los buscaría y se los traería, así que empecé a buscarlos entre el grupo.

El lugar donde estábamos tiene solo dos salidas, la de la entrada de autos y las gradas, y en ambas entradas había diáconos que cuidaban el ingreso.

Como había un diácono en cada entrada, corrí a preguntar a los dos servidores y me mencionaron que nadie había salido pues apenas recién había terminado la reunión. El de las gradas me dijo que había visto a tres jóvenes por la malla hacia el río y que ya no estaban. Subí al templo arriba y revisé, pero había poca gente que había llegado al culto y no estaban los jóvenes.

Es simple. Desaparecieron. Para mi criterio eran ángeles.

Sueño del llamado a servir en su "Viña"

Lo que me sucedió en este sueño es sincero y debo confesar que mis respuestas a las propuestas del Señor salieron del corazón y no mentí en lo que sentía. Él me conoce en lo íntimo. Si hubiera pretendido dar otra respuesta, Él hubiera sabido que no respondía con la verdad.

Este sueño ocurrió a finales del año 1991 y fue así: Soñé que caminaba en un lugar un poco cálido, era como medio día, y lo noté por la sombra donde yo caminaba. Miré alrededor y noté que había un sembrado como de matas de maíz, pero era un poco diferente, pues tenía espigas grandes en la parte de arriba de las matas y hojas más delgadas.

Había algunos árboles frondosos en las orillas del camino, pasé una curva y divisé una choza alta, con techo de paja, piso de tierra, con solo dos paredes, la de atrás y la del fondo. Ahí había una estiba de sacos colocados sobre una base de tablas de madera, la estiba llegaba hasta la parte de arriba. Entré a la choza y me subí hasta la parte más alta de la estiba. Allí divisé que el sembrado era muy extenso, hasta donde se perdía la vista. Miré para todos lados y todo estaba sembrado.

Luego vi venir a un hombre como indígena, vestido como un monje de la edad media. Traía un sombrero de paja, pero en forma de los que usan los campesinos chinos. Traía un báculo en su mano derecha. Se sentó en el primer saco, levantó su mirada y me vio, sin quitarse el sombrero. Al mirarme fue como si me traspasara, sabiendo todo mi pasado.

Es extraño, toda mi vida pasó por mi mente, en un instante, todo lo bueno como también lo malo, y esta información pasó a su mente, pero me sonrió y eso me dio paz. Hizo un gesto como diciéndome que sabía todo sobre mí, quién y qué era yo, pero no me señalaba por nada. Más bien me dio mucha paz y alegría de tener su compañía.

Luego me volvió a ver y me dijo: "Quiero que trabajes en mi viña." Y señaló el sembrado con su mano derecha.

Yo le contesté: "Señor, tengo un problema, a mí no me gustaría vivir de ofrendas y diezmos."

Estoy consciente de que el personaje no tenía luz y no se parecía al ser resplandeciente que había visto anteriormente, y que no se me presentó como el sublime Señor Jesucristo, pero aun así yo sabía que el que estaba ahí en esa semejanza era el mismo Señor Jesús.

Se sonrió, metió su mano derecha en el bolsillo de su pantalón y sacó un fajo grande de billetes de ₡ 1.000 (Que en ese año era mucho dinero), y dijo: "¿Acaso no crees que yo puedo proveerte de otras fuentes económicas que no sean ofrendas y diezmos?"

Yo le contesté: "Sí, yo sé que lo puedes, Señor; pero tengo otro problema, yo soy el único profesional de mi casa y soy la principal fuente de sostén económico de mis padres."

Se sonrió aún más y sacó de su bolsillo más fajos de dinero y los puso sobre su mano izquierda y con la derecha señaló y dijo: "¿No crees que puedo darte el doble o el triple de lo que tú ganas?"

A lo cual respondí diciendo: "Claro que sí lo puedes, Señor; pero además tengo una debilidad en mi vida, no estoy en santidad como para servirte."

Se rió mucho más y me dijo: "Observa el trigal." (Recién ahí supe que en aquel sembrado había trigo con espigas maduras). Confieso que nunca había visto un sembrado de trigo, y hoy en día he visto en Internet algunas fotos y observé que eran iguales a lo que vi en ese momento: matas un poco amarillentas, pero con espigas doradas, como las de un trigal en tiempo de cosecha.

Se puso en pie y movió su mano derecha con rapidez, todo el sembrado se hizo como un magma en forma instantánea, me asombré, volvía a ver al Señor y noté que tenía la mano levantada. Observé el magma candente, de él se formaban como campos con animales pastando, se deshacían y volvía a esa masa candente, se formaban como bosques con animales lindos y así se creaban cosas y se deshacían por ratos largos, pues me dejaba ver detalles de los paisajes creados.

Yo por momentos lo observaba a Él y asombrado pensaba "es el Señor Todopoderoso, capaz de crear y volver a la nada cualquier creación." En ese momento no había estudiado en la Biblia que el Hijo es creador junto con el Padre. No había comprendido este principio bíblico.

Luego bajó la mano y todo volvió a como estaba antes, con todo detalle. Observé el sembrado por todos lados y quedó totalmente igual, los árboles en su lugar, las lomas y todo quedó perfecto.

Yo le hablé y le dije: "Yo sé que todo lo puedes, Señor." Y Él me dijo: "Todo a su tiempo es hermoso, ten paciencia… Todo tiene su tiempo…" Y repitió esa misma frase varias veces y con voz suave, con sonrisa en sus labios. Luego desperté muy alegre, pues sentía Su presencia en mi habitación.

Esa semana le conté este sueño al pastor José Luis y para la siguiente reunión de jóvenes de los sábados me nombró líder del grupo de jóvenes, sin informarme de su decisión, a lo que yo rehusé, ya que eso me parecía muy informal y contraproducente. Dios no me había dicho nada de hacerme cargo de Su obra en forma inmediata.

Ahora que ha pasado el tiempo, reconozco que he trabajado en Su obra. He testificado de Dios en el Teen Challenge, ministrado de diversas formas; en las cárceles a donde visito presos que no tienen a nadie que les visite, he predicado en campañas en mis vacaciones, también les he predicado a mis alumnos de colegio y en escuelas donde he trabajado, también a profesores y donde quiera que el Señor me ha llevado.

Es cierto que muchas personas han aceptado al Señor por la prédica de mi persona, pero confieso que he llorado muchísimo porque siento que mi vida ha sido inútil y quizás tenía que haberle respondido diferente, aceptar la invitación y dejar que Él actuara en mí. Pero soy consciente que lo que respondí salió de mi corazón y era la pura verdad.

Desde hace unos cuatro años le he estado suplicado que deseo servirle a tiempo completo en lo que Él me diga, mas ninguna respuesta a venido a cambiar mi situación, pues las condiciones no han cambiado, al contrario, han sido más difíciles y me es totalmente imposible dejar mi trabajo secular y dedicarme a tiempo completo a la obra del Señor.

Explico esto del por qué no puedo dejar mi trabajo: Desde hace ya 17 años que mi madre sufrió un derrame cerebral y ahora la cuido con todo amor, y no puedo dejarla ya que no puede ni caminar o comer sola. Más bien duermo en una cama a su lado para levantarla a hacer sus necesidades. También agrego que mi padre murió hace 24 años y sigo siendo el principal sostén económico del hogar de mamá.

También he pensado que ya mi juventud se terminó, pues ahora tengo 50 años. Por esta razón he estado llorando mucho sabiendo que en este momento ya mi tiempo pasó, y siento como que desperdicié mi vida, que pude haber ganado miles de almas en todo este tiempo.

Le he estado pidiendo a Dios que me use en Su obra a tiempo completo, predicando o sirviendo en lo que Él me indique. Que me provea de los recursos económicos y así poder atender a mi madre y también poder tener tiempo para trabajar en Su obra. Si desperdicié mi vida, ya le he pedido perdón.

Sueño de la Herencia Eterna del cristiano

He mencionado antes y sigo haciendo hincapié en que he sido honesto y sincero, sin quitarle nada o agregarle, pero a esta experiencia deseo que le ponga toda su atención, porque considero que es de suma importancia para todo ser humano.

Este sueño ha dejado una marca profunda en mi vida y es casi la experiencia más fuerte que Dios me ha dado.

A comienzos del año 1992 estaba yo recibiendo un estudio bíblico sobre el libro de Apocalipsis con un hermano de la iglesia Rosa de Sarón llamado Rodrigo, un siervo como no he visto otro, por su don de maestro, y por cómo explicaba con gran detalle, claridad y profundidad haciendo que cada uno de los allí presentes quedáramos anonadados por sus enseñanzas.

Sin embargo, cuando llegamos al final y describió sobre el estar en la Santa presencia del Dios Trino y Eterno, mi mente divagó en gran manera, deseando irme de esta tierra para estar en Su dulce presencia. Debido a la forma magistral en la que este hermano explicó todo, anduve por días sumido en las nubes, pensando en cada detalle de esas lindas enseñanzas con que nos ministró a los maestros de Escuela Dominical de la iglesia.

Luego algún demonio vino con cuentos a mi mente y me susurró: "Eso de la ciudad celestial y de ver a Dios cara a cara será bonito, pero cuando pases muchos años en la eternidad, como un millón de años o más, te vas a aburrir de ver lo mismo, te aprenderás las calles y avenidas de toda la ciudad y tu vida será aburrida."

Me tragué esa mentira en lo más profundo y la alegría se me tornó en tristeza, pues dentro de mí pensaba: tanto pleito aquí en la tierra para pasar bien aburrido toda la eternidad. Pensé que Dios nos había creado sin propósito a largo plazo, que sería bonito al principio, pero al pasar el tiempo se entraría en la monotonía y sería un fastidio. (No tenía ni idea de lo falso que pensaba).

Diosito que es tan bueno y misericordioso me vio y trajo este sueño para borrar esta mentira para siempre. (Escribo Diosito como cariño, no porque sea pequeño o de forma irrespetuosa).

El 31 de diciembre del año 1992 me encontraba en casa de un tío llamado Bernardo Murillo en el norte de mi país.

Soñé como lo describo:

Yo estaba en una sala grande, donde había varias personas sentadas en bancos altos, todos familiares. Me encontraba en el suelo, sentado sobre un tapete blanco. Alcé mi mirada a todos y les dije: "Les voy a contar de un joven que iba en moto en una carretera, de cómo Dios le protegió y le libró de peligro..."

De pronto fui transportado a una carretera, y vi que estaba montado en una bicicleta de carreras, pedaleando. Alrededor había un campo con vacas, unas bonitas cercas de alambre, y árboles frondosos dentro de esos campos y también en los potreros.

Pero noté que en la parte de adelante de la carretera iba un auto color rojo vivo, como el color de la sangre, era redondo en la parte de arriba, de los Volkswagen de estilo antiguo, un "Vocho", más comúnmente llamado "escarabajo". Sus vidrios eran polarizados y bien oscuros, por lo que no se lograba ver quiénes iban dentro del vehículo.

Me llamó mucho la atención ese auto, y quería saber por qué era de ese color tan intenso y quién conducía ese auto tan particular.

Comencé a pedalear rápido para tratar de alcanzarlo, pero comenzó a acelerar más rápido, de tal manera que no me permitía que llegara a más de unos 50 metros de distancia.

Luego de cierto camino recorrido, unos 800 metros más o menos, comenzó una cuesta de ascenso a una montaña, así que el terreno se volvió bastante inclinado, por lo que el pedaleo se hizo casi imposible. Noté que el auto comenzó a alejarse y sentí una especie de tristeza al ver que se me iba sin poder evitarlo. Entonces salió una fuerte voz del auto que me dijo: "Yo te doy la fuerza, sigue..."

Sentí como un calor en mis piernas y comencé a pedalear con una fuerza sobrenatural, desarrollando una velocidad de casi unos 80 kilómetros por hora, aun siendo cuesta arriba, ¡algo increíble! Noté que la cerca de alambre pasaba ante mis ojos como si yo fuera en un auto o en un bus. Comencé a alcanzar al auto rojo, pero este me evadía e impedía que le rebasara, y aceleró más fuerte para que no le pasara adelante ni pudiera ver por las ventanas.

Pasamos por curvas diversas del camino y seguimos en ascenso. Así ocurrió por un buen rato, calculo que unos 5 a 7 kilómetros, pero no puedo precisar. Las cuestas eran muy inclinadas, y ya estando arriba el aire era muy frío, la vegetación tenía un color verde oscuro, y las hojas tenían una especie de pelos pequeños. La vegetación indicaba que estábamos a gran altura, algunos árboles eran de pino y ciprés, y pude sentir el olor característico de esas especies.

Luego comenzó el descenso de la montaña bajando por cuestas muy empinadas. Por mi afán de perseguir el auto y ver quién iba en el vehículo no me percaté que la bicicleta había tomado mucha velocidad, como se dice en mi país, "iba tan rápido que hasta me silbaban los oídos". Sentía gran cantidad de aire en todo mi rostro. A mi criterio creo que ya había alcanzado una velocidad de unos 100 kilómetros por hora.

Cuando me percaté que iba a mucha velocidad quise aplicar los frenos, pero a pesar de que el rodado tenía todas las piezas del freno en la manivela, no pasó nada, era como que la bicicleta no tenía frenos. Y comenzaron las curvas en la carretera. Por el lado de adentro había unas paredes llenas de piedras muy afiladas, semejantes a cuando las máquinas hacen el camino y cortan una especie de "cascajo" con muchas piedras en el corte. Pensé muy rápido que si llegaba a chocar contra esas paredes solo quedarían pedazos de mí y de la bicicleta.

Por el lado de afuera había grandes desfiladeros o abismos, y desde arriba se veían las copas de árboles grandes y algunos eran como pinos. Calculo que el barranco tendría una altura de unos 100 a 150 metros de altura. En algunos precipicios se veía la carretera que cruzaba abajo. Yo pensaba: "Si caigo por ese precipicio no quedará nada de mí..."

Por casualidad no le pegué a ninguna pared ni tampoco caí a ningún precipicio. Pasaba por las puras orillas de los abismos y muy cerca de las paredes, mas no recibí ningún daño.

Luego de bajar en esas condiciones durante varios minutos, llegué abajo de la montaña sano y salvo. Esto lo supe porque el frío desapareció y se sentía la brisa cálida. Ahí abajo había diversas fincas cultivadas y criaderos de ganado lechero, se lograban ver pastizales con ganados para ese uso, y hasta instalaciones de ordeñe.

A pesar de haber llegar abajo vi que el auto seguía adelante, avanzando a alta velocidad, y yo siguiéndole por detrás. A unos pocos kilómetros llegamos a otra montaña.

Esto se repitió de forma parecida en tres ocasiones, es decir, subí y bajé de tres montañas. Todo ocurrió de forma parecida, escuché la voz, me dio fuerzas, y bajé a riesgo de caer a los abismos o chocar contra paredes afiladas. Supe que eran tres montañas diferentes pues los paisajes y carreteras eran distintos.

Después de salir de esas montañas vi que había una cuestita de unos 150 metros de largo, con poca inclinación, y arriba había una vuelta. Comencé a subir esa cuestita, sólo que esta vez no salió la voz para darme las fuerzas y con mucha dificultad logré llegar detrás del cerro pequeño. Y al ver para el lado derecho mío, vi algo especial.

Había un espacio de unos 50 metros de lastre, como el que arrastran los ríos cuando crecen, pero el lastre era muy limpio. A la orilla del lastre había río que transitaba muy sereno, con un ancho de unos 300 a 400 metros, y se movía con lentitud, al mismo nivel que el lastre. Era extraño, ya que sus aguas eran totalmente transparentes, como el cristal. En el fondo se podía ver peces de colores, grandes y pequeños, y se veían las piedras que había en el fondo. Sé que esto no es lógico, pero así era.

Al otro lado del río había como un gran jardín, con muchas flores que tenían luz, sus colores eran vivos, y había también pastos de color verde claro y brillante. En este parque había senderos de color blanco construidos con material semejante al mármol. Vi que en ese jardín había personas jugando, caminado, otros corrían y algunos se acostaban en el pasto. Todo esto emanaba alegría y paz, era todo muy especial, ya que las personas jugaban con gran gozo. Hasta sentí deseos de estar en ese lugar.

Luego vi que en el lastre había zanjas que las llantas del auto habían trazado en las piedras y la arena, hasta que el auto se atascó, se detuvo y ya no pudo seguir avanzando.

Tiré la bicicleta al suelo y caminé hacia el auto, pensando que ya no tenía escapatoria, que no podrían huir más, y que por fin sabría quién o quiénes venían en el vehículo.

Se abrieron las dos puertas del lado contrario a mí, de donde salieron dos personajes muy altos, de unos dos o tres metros, vestidos de ropas blancas, que emanaban un resplandor que encegueía al verlos. En las mangas, cerca de sus puños, en el cuello y en el borde de las faldas tenían como una especie de piedras preciosas de diversos colores, pero estas piedras preciosas eran como bombillos que emitían luz. También tenían bordados de un material parecido al oro, pero este tipo de oro era brillante, como que tenía luz. En la cintura tenían como cinturones gruesos que cubrían todo el estómago, y en la parte superior pude ver como una parte más alta que le cubría su estómago. Era como si fuera una sola lámina de oro con una forma parecida a la corona de la foto, pero una sola pieza de oro resplandeciente. Debo agregar que estos varones no traían alas.

Estos jóvenes eran tan altos que este pequeño auto les llegaba al pecho. Aparentaban una edad de unos 20 a 25 años y se movían en forma simétrica, los dos hacían movimientos al mismo tiempo, cerraban las puertas, se daban vuelta en el mismo instante y hablaban todo al mismo tiempo, como en coro.

Cerraron las puertas en dirección hacia arriba del río y se volvieron señalándome con sus manos derechas y dijeron con voz muy fuerte, pausada y con mucha reverencia: "Nosotros somos ángeles, guardianes de los herederos de la salvación, ustedes no han entendido lo que han heredado, y tendrán el privilegio de estar en presencia del Dios Viviente."

Cuando ellos comenzaron a hablar empezó a producirse una intensa alegría en mi interior, y tenía ganas de llorar, de gritar, sentía como un inmenso gozo.

A continuación voy a hacer una breve reseña, para intentar dar a entender lo que estaba sintiendo en ese lugar.

Cuando yo tenía entre cuatro a cinco años de edad mi madre se fue de la casa para ir a parir a mi hermanita menor al Hospital "La Carit", por lo que tenía que viajar desde una provincia rural hasta la capital, a unos 250 kilómetros de distancia. En ese año de 1972 vivíamos en el pueblo llamado "La Fortuna" de la provincia de Bagaces, en una zona rural de Costa Rica.

Ese día que mamá estaba preparando todo para irse yo pensé que iba a ir con ella, pero lamentablemente no fue así, y para mí fue muy doloroso. Recuerdo que me metieron dentro de un pilón y lloré hasta el cansancio. Sentí que la perdía, y que ya no la volvería a ver jamás.

Dios hizo posible que todo su proceso de maternidad sucediera con naturalidad y unos días después volvió a casa. Todo lo recuerdo tan claro que me parece que fue ayer.

Dicen mis hermanas que esos días los pasé llorando por todo, como enojado con toda mi familia. El día que llegó mamá a casa era una tarde y mis hermanas estaban haciendo unas arepas para el café de la tarde. Alguien dijo que ya mamá venía con mi hermanita. Llegó algún hermano a preguntarme si iba a ir para recibir a mamá, pero yo me enojé y dije que no me molestaran con eso de que mamá ya venía, pues sentía que se estaban burlando de mis sentimientos, dándome esperanzas que ya yo había perdido.

De pronto vi cómo mis hermanos y hermanas corrían a encontrarse con mamá, y para mi sorpresa comprendí que todo era cierto. Cuando yo divisé que mamá venía, corrí con todas mis fuerzas y sentí algo tan lindo en mi corazón que no puedo describir con palabras. Alguien me quiso detener diciéndome que ella no podía alzarme, y que la esperara en casa. Jamás podría yo hacer eso. Era muy grande mi felicidad de volver a verla.

A llanto vivo corrí hacia ella, alguien me quiso detener y me alzó para que no corriera, pero recuerdo que le pegué un mordisco con todas mis fuerzas en un brazo, y hasta le saqué la sangre. Me soltó y llegué donde mi mamá estaba conversando con mis hermanas, abracé una de sus piernas con fuerza y lloré a llanto vivo, hasta que ella le dio la bebé que tenía en brazos a una hermana y me abrazó. Sentí algo muy precioso, sentí que alguien me amaba. Sentí también que recuperaba lo que más yo necesitaba y quería sobre la tierra. Sentía hasta punzadas en el pecho, como que se me iba la respiración.

Toda la tarde la pasé cerca de ella, pues también tenía como cierto temor a que ella se fuera nuevamente y me dejara. A cada rato le daba besos y la miraba. No sé cuántos días siguió la situación de esta conducta.

La analogía que deseo dejar clara con esta anécdota es que ese fue el momento más feliz que haya vivido en toda mi vida, el regreso de mamá a casa. Reconozco que ha sido la experiencia terrenal más feliz.

Pero lo que yo sentí en este sueño es como tomar ese día feliz y multiplicarlo cientos de veces. Es una alegría indescriptible, es una paz que satura todo mi ser, una satisfacción plena que, si uno no adora a ese ser tan LINDO, siente que explota, y que, si uno expresa una palabra, sale del corazón.

Entonces comencé a gritar con todas mis fuerzas: "¡Aleluya! ¡Gloria a Dios... ¡bendito Señor, te amo!"

El Espíritu susurró a mi corazón diciendo: "¿Te aburrirás por la eternidad de sentir esto?"

Tomé aire y grité con todo mí ser: "Señor, ¡jamás me aburriré de sentir esto!" Y seguí gritando: "¡Aleluya! ¡Gloria a Dios!"

Lógico que el Espíritu Santo me preguntó esto no porque no supiera lo que yo estaba sintiendo en mi interior, sino más bien porque yo le había hecho caso a la mentira del diablo. Con esto me quedaba bien claro que el enemigo es y será siempre un gran mentiroso, y que jamás debería menospreciar Su sublime y preciosa presencia.

También trataré de ilustrarlo de otra forma: es como si uno tuviera unos tres días sin comer alimento alguno y luego me dieran un plato de mi comida favorita para que inmediatamente me dijeran que me lo van a quitar porque yo no tengo hambre. Sería absurdo que se me quite algo riquísimo aduciendo que no tengo apetito.

No digo que lo lindo que sentí era por el lugar o las cosas que podía ver a mi alrededor, ni porque haya visto la majestad de mi Dios, pero lo que sentí me basta para decir que fue muy bonito e indescriptible. No es asunto del entorno, sino la dulce presencia de mi Señor, que hace que el cielo sea un verdadero Cielo.

Los ángeles siguieron hablando y dijeron: "Cuando ibas subiendo las montañas nosotros te dimos la fuerza por orden del Señor, y cuando ibas bajando no caíste a los abismos ni chocaste contra los paredones porque nosotros te protegemos por orden del Señor."

Ya en este momento el gozo era inmenso en mi interior, sentía que explotaba, lloraba y seguía gritando con todo mi ser palabras de adoración: "¡Aleluya! ¡Gloria a Dios...!"

Volvieron a hablar y dijeron: "Recuerda lo que está escrito de nosotros."

De inmediato vino a mi mente el pasaje del libro de Hebreos:

"Pues, ¿a cuál de los ángeles dijo Dios jamás: Siéntate a mi diestra, hasta que ponga a tus enemigos por estrado de tus pies? ¿No son todos espíritus ministradores, enviados para servicio a favor de los que serán herederos de la salvación?" Hebreos 1:13-14

Hicieron una pequeña pausa y continuaron diciendo: "Nosotros somos ángeles guardianes de los herederos de la salvación, ustedes no han entendido, **ni entienden**, lo que han heredado, ustedes tendrán el privilegio de estar en presencia del Dios Viviente."

Esta vez agregaron la parte subrayada, **ni entienden**, lo cual indica que, por mucha preparación teológica, y años de estar en Cristo o conocimiento alguno, jamás comprenderemos con plenitud el inmenso **privilegio** que tenemos de poder entrar en el propio Lugar Santísimo y ver cara a cara al Ser Supremo, creador y sustentador de todo el universo visible e invisible.

Más adelante abordaré un estudio más profundo del estar en la presencia del Dios Viviente.

Luego que dijeron eso último sonó un estruendo fortísimo, como de un trueno o rayo, el cual cimbró el suelo donde estaba. Ese estruendo era con eco, y ese sonido se escuchaba bien a lo lejos.

Los ángeles volvieron a ver hacia arriba, me volvieron a ver a mí y sonrieron. Al instante desapareció el auto y pude verles todo su vestuario, sus cinturones, el bordado de sus vestimentas y las sandalias como de oro con piedras preciosas brillantes.

Luego ellos desaparecieron ante mis ojos y seguí gritando esas palabras de adoración, e instantes después me desperté sentado en la cama.

De inmediato comencé a llorar, de tal forma que hasta me dolía el pecho y como estaba en casa ajena, ponía la almohada en mi boca y le gritaba: "No Señor, por favor... yo quiero volver allá. Ya no quiero vivir aquí..."

A ratos lloraba de felicidad de sentir Su presencia y a veces por tristeza de no poder volver a ese lugar.

Otra bruja me visita para matarme

En 1992 entré a trabajar de forma interina como profesor de matemática en el Colegio Nocturno José Joaquín Jiménez Núñez, y ahí conocí a una asistente de dirección llamada Fresia, una funcionaria muy gentil y servicial. Desarrollamos cierta amistad y compañerismo muy lindo, lleno de respeto y ayuda cuando así lo necesitamos.

En este colegio había muchos conflictos entre los estudiantes, de tal forma que peleaban a la salida del colegio, pues había una rivalidad entre los chicos del Alto de Guadalupe con los muchachos de Calle Blancos.

Los problemas no solo se daban a nivel de los estudiantes, sino que también entre los docentes existían celos, pleitos y envidias, y era como si estuvieran todos enojados unos contra otros.

En este año que trabajé en ese colegio conocí a una conserje que llamaré Rosa, aunque en realidad es un nombre ficticio. Esta señora acostumbraba a vender pan casero a los docentes, y hacía bollos dulces con frutas, semillas y diversos ingredientes los cuales le daban a los panes un aroma y aspecto muy agradable. Por mi parte siempre me ha gustado el pan casero, por lo que de inmediato le encargué un bollo de ese pan con frutas para el siguiente día lunes.

En efecto, llegado el día mencionado me trajo el bollo de pan, se lo pagué y lo fui a guardar a la oficina de la asistente Fresia. Quedamos que en el siguiente recreo lo íbamos a comer, sin embargo, nuestro plan nunca se llevó a cabo pues surgieron conflictos internos entre los estudiantes, a tal punto que hasta hubo amenazas con armas, por lo que hubo necesidad de llamar a la policía.

Todo fue tan confuso que nadie se acordó del refrigerio, y a la salida había hasta una cámara de un noticiero televisivo filmando los conflictos afuera del colegio, por lo que salimos en forma sigilosa y rápido por un portón lateral y no por la entrada principal, para evadir el ser filmados por la cámara del noticiero de ese canal. Nos decíamos a nosotros mismos que era una vergüenza salir en televisión como trabajadores de un colegio tan conflictivo.

No nos acordamos del mencionado pan sino hasta que ya íbamos camino a casa. Recuerdo que pensé que era una lástima el que no hayamos podido disfrutar de ese manjar caliente y que tendríamos que hacerlo recién hasta el siguiente día, ya añejo. Pero no había solución. No nos íbamos a regresar solo para comerlo.

Recuerdo que ese martes en la noche lo primero que hice fue buscar el pan para tomar un pedacito. Cuando abrí la gaveta del escritorio, lo que vi fue a unas cuantas hormigas que estaban llevándose los últimos pedacitos de papel en el que estaba envuelto lo que una vez fue el pan. ¡Se lo llevaron todo, hasta el papel! Sentí como un dolor en mi interior y como niño malcriado le reclamé al Señor que yo venía con hambre de la universidad, pues todavía estaba estudiando mis carreras. El reclamo consistía en por qué no había evitado que las hormigas se comieran el pan.

Dios como padre amoroso y protector no me respondió nada, pero luego tendría mi respuesta, a Su tiempo.

Pasó la noche de clases y me fui a casa. Al llegar a Heredia, donde aún vivo, ya eran la once de la noche y me acuerdo de que llegué muy cansado. Había algo sobre sobrenatural en el interior de la casa, pero debido al cansancio y a cierta tristeza para con mi Señor, ni siquiera oré al acostarme.

Explico lo anormal que había en la casa. Las noches en el valle central de mi país son frías; pero cuando yo ingresé al dormitorio noté que se sentía un frío intenso, y estaba más frío que afuera. Estaba ocurriendo la misma situación que afronté con la otra bruja y aun así no reaccioné. Como la vez pasada, esta situación no tenía ninguna lógica pues las ventanas estaban cerradas, había cielo raso y se supone que dentro de la casa debía de estar más cálido. Sin embargo, no pensé en eso. Me acosté y de inmediato tuve un sueño muy extraño.

Soñé que iba por una calle un poco oscura y que llovía torrencialmente. Yo iba con un paraguas grande, pero de pronto sentí un gran peso sobre el paraguas, era como si alguien se me había parado o sentado sobre él. Con mucho esfuerzo logré ver por encima del paraguas, pero no vi nada, aunque me di cuenta de que el peso se fue cuando me fijé. Luego puse el paraguas en su posición normal y volvió el peso, de tal forma que me aplastaba. Vino el Espíritu y me hizo sentir que era algo invisible en el mundo natural y que lo reprendiera en el nombre de Jesús. Así lo hice y dije: "En el nombre de Jesús..."

Eché mano sobre el paraguas diciendo esas palabras y sentí que agarré algo, cuando lo apreté se hizo visible y tenía a esa conserje Rosa de la garganta. Me sorprendí mucho al verla, y luego con gran dificultad y con voz ronca me dijo: "Ayúdame..."

A lo que yo le dije: "¡Te reprendo en el nombre de Jesús, bruja del diablo!"

Me desperté, pero con mucho sueño y pesadumbre en el cuerpo. Con mucha dificultad fui al lavatorio del servicio, tomé dos sorbos de agua y regresé a la cama, hasta pegué la cabeza en el marco de la puerta de mi cuarto, pero aun así no me desperté por completo.

En cuanto me acosté empezó algo muy extraño, yo entré en un estado como entre dormido y despierto, de tal forma que oía los ladridos y aullidos de los perros de los vecinos y los maullidos de los gatos. En cuanto a estos últimos, podía escuchar que salían huyendo del techo de la casa, como si tuvieran miedo o como si algo los ahuyentaba.

Se me abrió la pantalla en la mente y lo que vi era bolas semejantes a un algodón negro de un tamaño de unos 20 a 30 centímetros de diámetro que giraban alrededor del camarote en que dormía. Podía escuchar un zumbido como de muchas abejas y me dio temor. Sentía un frío muy intenso que penetraba hasta los huesos.

Aun en medio de todo eso pude sentir que el precioso Santo Espíritu estaba ahí dirigiendo la batalla, y me dijo que no permitiera que esas bolas me tocaran, que eran demonios y que, si me tocaban, yo moriría, que las reprendiera en el nombre de Jesús.

Así que con mucha dificultad dije: "¡Los reprendo en el nombre de Jesús!"

Pronunciaba las palabras muy despacio ya que mi cuerpo estaba paralizado por algo, más mi mente no.

Las bolas se alejaron casi afuera del cuarto, pero seguían girando con lentitud, y conforme se acercaban más a la cama giraban más rápido y el zumbido era más fuerte.

Seguí oyendo los sonidos de alrededor, los perros aullaban y lo gatos huían como si algo los castigara.

El ataque continuó, luego sentí algo pesado que se colocó en el lado de adentro de la pared, y con mucha dificultad comencé a girar el cuerpo. Cuando me volví vi que a la par de la almohada había un gran fajo de billetes de $100 y sobre el dinero había dos boletos aéreos de una línea que no voy a mencionar.

Me pregunté qué estaba haciendo ese dinero y esos boletos aéreos ahí, y si debería tomarlos o no. Luego decidí que solo iba a tomar el dinero y no los boletos, pero cuando extendí la mano con lentitud para tomarlo, detrás del dinero apareció una serpiente como de un metro de largo y era negra, con lengua roja como sangre y ojos como chispas de fuego. A lo que de inmediato la reprendí en el nombre de Jesús, y el dinero y los boletos aéreos desaparecieron junto con la serpiente, que salió espantada, y metiéndose en la pared, desapareció.

Luego sentí que otra cosa pesada había a mis espaldas, en el lado contrario. Me volví de nuevo con mucha dificultad y vi que al lado de mi cama estaba la conserje acostada sobre mi cama, soltó una carcajada horrenda y me dijo: "¡Te mataré!"

Yo de inmediato dije: "No estoy solo, el Santo Espíritu está conmigo. Que el Señor Jesús te reprenda, bruja derrotada."

Ella desapareció y se oían las carcajadas en el aire.

La batalla siguió hasta el amanecer. Las bolas regresaban, las reprendía y se alejaban un poco, pero al rato volvían a acercarse, y en ese juego ya eran como las 4:30 am, y escuché que mi hermano del cuarto de al lado se levantó. También mi madre se levantó a hacerle el desayuno y el almuerzo que se llevaba diariamente para el trabajo.

Yo deseaba que alguno de ellos se acercara a mi cuarto y que me tocaran la puerta para despertarme, más no ocurrió así.

Oí a una joven vecina que salió de su casa, conversó un poco con otra vecina y nada, todavía no podía despertarme. Logré ver por la ventana que la luz del sol ya comenzaba a iluminar la mañana.

En eso vi que enfrente de mi cama y en el aire apareció como una imagen del que llaman "el sagrado corazón de Jesús", solo que, en lugar de esa estampa, estaba la imagen de esa conserje. Vi que esa persona aparecía de igual forma con un corazón, como esa estampa de los católicos, y tenía los brazos cruzados, el izquierdo sobre el derecho, como aparecen las imágenes de los faraones egipcios (Luego supe que esa posición es una forma de mostrar rechazo a Dios). Desde esa estampa brotaban unas carcajadas espantosas y decía: "Te mataré, no vivirás…"

Lo repetía varias veces y las risas malvadas seguían. Yo de inmediato iba a reprender y declararla derrotada, cuando escuché la voz del Espíritu que me dijo: "No reprendas más, solo canta."

Me sorprendí en gran manera y le pregunté al Espíritu: "¿Eres tú Señor, el que me estás hablando?"

A lo que me respondió: "Ten paz, yo dirijo la batalla."

Yo dije: "Pero Señor, ¿Cómo voy a cantar en plena guerra?"

Me dijo dulcemente: "Dale la gloria a Dios por la guerra ganada."

Y a continuación me trajo a la mente el pasaje de Apocalipsis sobre el canto del cordero:

"Y cantan el cántico de Moisés siervo de Dios, y el cántico del Cordero, diciendo: Grandes y maravillosas son tus obras, Señor Dios Todopoderoso; justos y verdaderos son tus caminos, Rey de los santos. ¿Quién no te temerá, oh Señor, y glorificará tu nombre? pues sólo tú eres santo; por lo cual todas las naciones vendrán y te adorarán, porque tus juicios se han manifestado." Apocalipsis 15:3-4

No sé si en su iglesia lo cantan, pero en la iglesia a la que yo asistía se cantaba ese canto y era para mí de mucha bendición.

La imagen se iba acercando cada vez más y más hacia mí, se iba haciendo más grande y se oían sus risas más fuertes.

Pero cuando comencé a cantar ese himno ella reaccionó y se detuvo su acercamiento. De inmediato gritó con desesperación: "¡Cállate! ¡No cantes más! ¡Enmudece!" Y lo seguía repitiendo con desesperación.

Cuando vi que le afectaba, en mi corazón supe que Dios la estaba derrotando, y ahora sí empecé a cantar con mente y corazón, con sumo gozo, dándole la gloria al Señor por su sabia dirección.

A medida que cantaba vi cómo la imagen comenzó a retroceder y a alejarse, aunque ella todavía seguía gritando las frases anteriores para que me callara y que no cantara. Hasta que la imagen estalló en pedazos, como si fuera de vidrio, y explotó en mil pedazos. Se oyó un grito de: "Nooooo…"

Y me desperté sentado en mi cama y le grité: "¡Te vencimos, bruja del diablo!"

Estaba muy agotado, vi el reloj que marcaba las 6 am, por lo que me acosté y me dormí hasta las 8:30 am.

Me bañé y le conté a mi mamita lo que me había ocurrido en la madrugada. A lo que ella me dijo: "Hijo, yo oía todos esos aullidos de los perros y hasta los gritos de los gatos, como si les estuvieran pegando, pero no sabía lo que estaba ocurriendo en tu habitación. Lo que sí hice fue orar un rato ahora al amanecer, pues sentía temor y no sabía por qué."

Le agradecí por su oración, pues Dios venció a la bruja y no me pudo matar.

Luego durante el día estuve orando y en mi cuarto el Santo Espíritu vino sobre mí y me ministró para que le agradeciera al Santo Padre por haber enviado a Jesús a morir por nosotros y hacer posible una relación del Espíritu con nosotros. También me explicó de cómo esta mujer hacía tanto daño. Ella vendía panes llenos de hechizos para mantener en pura guerra a todo el colegio, pero me dijo que Él me había librado de su maldad enviando a esas hormigas para que se llevaran el pan. De esta manera fue que ella no me podría hacer daño con el ataque que hizo esa noche.

Ahí yo lloré ante Su incomparable amor y misericordia, y lo que más me avergonzaba era del cómo yo le había reclamado con altanería del por qué no me había cuidado el pan.

En la tarde fui a trabajar y pensé en advertirle a esa bruja algunas cosas, pero cuando la busqué no la encontré, por lo que fui a la dirección a preguntar por ella. Me dijeron que se había reportado enferma y que no vino a trabajar. Ese día era miércoles.

El jueves hice exactamente lo mismo y de igual forma se había reportado enferma así que no llegó a trabajar, por lo cual pensé que Dios la había reprendido fuertemente.

El viernes fui directo a la dirección a preguntar y se me dijo que estaba en el cuartito de los conserjes. La vi a lo lejos cortando una mecha de palo de piso con unas tijeras. Me paré en el marco de la puerta con un brazo arregostado sobre el umbral mirándola fijamente.

Ella tenía su mirada sobre lo que estaba cortando y me habló antes que yo lo hiciera. Me dijo: "No hagas astillas del árbol caído…"

Me llené de indignación de que reconociera que ella había intentado matarme y que fríamente aceptara en parte su derrota ante el Dios Todopoderoso, mi Señor Jesús.

A lo que de inmediato le respondí: "Vea bruja del diablo, le voy a hablar bien claro tres cosas y ahora me va a escuchar…"

Ella alzó su vista para mirarme por un instante y me dijo: "No estoy interesada en escuchar nada de usted."

Yo enojado le dije: "Pues aunque usted quiera o no me va a tener que escuchar. Lo primero que debe saber es que, si usted vuelve a visitarme en cuerpo astral, oraré al Señor para que su alma no vuelva a su cuerpo, se enfriará, morirá e irá al infierno. Por ahora no he orado que eso ocurra, pero si me vuelve a atacar a mí o a cualquiera de mi familia, lo haré, ya lo sabe."

Con voz baja me dijo: "¿Ya terminó?"

Le alcé un poco la voz y le dije: "No he terminado, bruja malvada. Lo segundo que debe saber es que está en el lado del bando perdedor. Ya mi Jesús venció a las tinieblas en la cruz del Calvario, venció la muerte y al mismo Satanás, a ese al que ustedes llaman "luz grande". Es más, véalo en nuestro enfrentamiento, ¿quién perdió? Fue usted, quedó golpeada, de tal forma que no pudo venir a trabajar por estos últimos días. Te invito a que vengas a Jesús y Él te perdonará tus pecados, garantizarás tu futuro en esta vida y por la eternidad. ¡Pásate de bando!"

Pero me contestó: "No me interesa lo que usted me diga. ¿Ya terminó?"

"No, no he terminado", le contesté, y continué: "Ya estoy enterado de sus maldades con ese cuento del pan casero, de cómo usted mantiene en pura guerra a todo este colegio. Le advierto que si usted vuelve a vender esos panes a alguno del colegio oraré a Dios para que usted sea disciplinada por el Señor. Así que no haga más daño a nadie."

Bajó la voz y me dijo: "Se lo juro que nunca más voy a volver a vender eso de nuevo, se lo juro", repetía.

Hizo la señal de la cruz con sus dedos y los besó, y luego me retiré de su presencia.

Pasaron los días y todo fue mejorando entre los profesores y alumnos, al grado que para fin de año estábamos festejando los cumpleaños con té de canastilla entre los compañeros y compañeras de trabajo. Todo cambió solo por la gracia de Dios.

Liberación de la niña en el Tristán

Para el año 1993 trabajaba como profesor de matemática en un colegio vespertino del centro de San José que le llamaré "El Tristán", ya que esa fue la primera carrera que obtuve. En este colegio yo trabajaba de forma interina y daba clases de 7° y 8° año de secundaria en las tardes, porque en las mañanas esta institución da clases de nivel primario.

Siempre teníamos comunicación con las orientadoras de primaria y secundaria, ya que algunas atendían ambos niveles de estudiantes.

Un día una orientadora de ambos niveles a la que llamaré Rita me llamó a su oficina muy asustada, y me relató algo extraño.

Me dijo que la maestra del grupo del sexto grado de primaria le dijo que había una niña de 13 años que no trabajaba en absoluto en clase, que pasaba todas las mañanas dibujando en un cuaderno grande de dibujo y que estos dibujos eran muy raros (luego me referiré a ese cuaderno). Lo extraño era que la niña no presentaba este comportamiento tiempo atrás, sino hasta hace unos días, en los cuales su conducta había cambiado repentinamente. También se portaba muy callada con las compañeras y con la docente.

Relataba Rita que ella procedió a entrevistar a la niña, y cuando le preguntó el por qué ella se dedicaba solamente dibujar en el cuaderno durante toda la clase, contestó que ella ni siquiera sabía el por qué dibujaba eso, y que simplemente no podía dejar de dibujar esas cosas espantosas.

Rita visitaba una iglesia cristiana donde trabajaban en el ministerio de la liberación, y como ella había visto eso, intentó orar por la niña, pero se llevó una gran sorpresa, porque la niña cambió de aspecto y hablaba con una voz de hombre, y le dijo que Rita no tenía autoridad sobre ella.

Me dijo que al comenzar a orar las ventanas de vidrio comenzaron a vibrar y la oficina se estremecía, que parecía que los vidrios iban a explotar. Dice Rita que ella dejó de orar y le decía a la niña que se calmara. Luego la niña se volvió hacia ella y le dijo que no se metiera con ella, que ya había visto lo que ella podía hacer.

Cuando escuché ese relato, lo primero que le pedí fue que me diera ese cuaderno de dibujo para verlo. Lo tomé y vi que eran dibujos con un experto acabado, de tal aspecto que parecían haber sido hechos por una persona casi profesional, y las figuras parecían de fábulas de televisión. Figuras muy bien trazadas. En el primer dibujo había una jovencita desnuda, de espaldas, caminando hacia un altar de piedra donde había varios personajes vestidos de negro con batas flojas y gorros como de monjes antiguos.

En el siguiente dibujo la joven ya estaba acostada, con una bata blanca, sobre un altar, el cual tenía cuernos en las esquinas. La joven tenía el pecho descubierto, y a la par de ella había un hombre con un gorro sobre su cabeza quien dejaba ver en parte su rostro. Estaba con un puñal en sus manos, levantado en el aire, listo para clavarlo en el pecho de la joven.

En el tercer dibujo la jovencita tenía el puñal clavado en el pecho y el monje recogía la sangre en una especie de copa de plata, junto al altar.

Así seguían los dibujos, y en algunos aparecían hechiceros que tomaban la sangre del sacrificio y muchas otras escenas más, dando a entender lo que parecía un sacrificio humano por parte de satanistas.

Al ver esto solicité que me llamaran a la niña para la mañana siguiente, y que yo llegaría temprano para verle.

Al siguiente día me presenté a las 9:30 am, y ya para entonces la maestra, la orientadora y la niña me estaban esperando en la oficina.

Cuando llegué y entré a la oficina, la niña se puso muy alterada y decía: "Yo no quiero hablar con él, que se vaya y yo les diré lo que quieran..."

Repetía esa frase varias veces y se agarraba las manos con aparente nerviosismo.

Con voz baja le dije: "Te ato demonio inmundo y te ordeno que te calles, ahora mismo, en el nombre de Jesús."

De inmediato bajó la mirada y se quedó callada, en quietud absoluta.

Hablé con las docentes y les dije que ella estaba poseída por un demonio, y que cuando orara podrían suceder cosas que nunca hayan visto, lo que tal vez les pudiera ocasionar algo de temor. Además, que Dios ya había vencido y que tendríamos la victoria. Que decidieran si se quedaban o se retiraban. Rita me dijo que ella se quedaba, que conmigo no le iba a dar temor. La maestra dijo que ella no tenía ese valor, que mejor se retiraba. Mientras hablábamos, la niña rechinaba los dientes y decía palabras en voz baja.

La maestra salió, así que quedamos Rita y yo. Comencé a orar y de verdad que los cristales vibraban en forma violenta, mas Dios me guió paso a paso para que el demonio llamado "hombre fuerte" saliera y lo demás fue simple, la victoria fue de nuevo para Jesús.

Cuando la niña quedó libre se transformó de forma rotunda, en todo sentido, pues su mirada hacia nosotros como que tomó una paz en sí misma. Llamamos a la maestra para la entrevista. Los tres comenzamos a ver de dónde provenía todo este conflicto.

Le pregunté el por qué dibujaba eso, a lo que contestó que ella no recordaba nada y hasta se asombró de ver sus propios dibujos en el cuaderno. No profundizamos, ya que ella negaba que los hubiera hecho.

Luego comenzó a relatar que en su casa habían empezado a suceder cosas extrañas desde que ella tenía la "rosa blanca". Yo asombrado le pedí que nos contara la historia de esa rosa blanca.

Ella mencionó que a la casa de ella había llegado una empleada, y que ella hablaba mucho con esta mujer. La empleada se enteró de que hacía poco el papá de la niña se había ido de la casa con otra mujer. Entonces la empleada le dio un vaso con agua y una rosa seca, pero que en la noche la rosa reverdecía, volvía a la vida y hasta olía a rosa. Era una rosa blanca, pero al volver el día se volvía a secar, y así pasaba esto todas las noches.

La empleada le dijo que le diera unas gotas de sangre de su dedo y que, al echarlas en la rosa, en menos de un mes el papá de ella volvería a la casa.

El Espíritu Santo susurró en mi corazón diciendo que ella vivía en Desamparados: "pregúntale y verás lo que te dice".

Le pregunté: "Usted vive en Desamparados, ¿cierto?"

La niña con asombro dijo: "¿Cómo sabe usted que vivo ahí?"

Le contesté que Dios me lo había dicho. El Espíritu me habló de nuevo y me dijo: "¿te acuerdas de la bruja de Desamparados que te visitó para matarte? Es la misma mujer. Se llama Mayra y pertenece a un capítulo de brujería que hay en esa zona."

Luego le pregunté a la niña: "La empleada que está en su casa, ¿es morena, de pelo corto, un poco gruesa y se llama Mayra?"

A esa niña casi se le salen los ojos cuando preguntó asombrada: "¿Cómo sabe todo eso si usted no la ha visto?"

Me sonreí le dije: "Mi Señor todo lo sabe, tenga paz, Cristo te ama y te ha cuidado. Confía en Él."

(En este preciso instante siento muy fuerte la presencia de Dios en mi vida y sé que a donde vaya este texto, Dios está hablando a tu corazón, te quita el temor y si recibes a Cristo, tendrás la paz que sólo Él te puede dar).

De inmediato la niña empezó a llorar, le conté sobre las buenas nuevas del evangelio, y le expliqué todo el plan de salvación según la Biblia. Hicimos otra oración y ella recibió a Cristo en su corazón. Si ustedes hubieran visto el rostro de esa niña, tan radiante y feliz. ¡Gloria a Dios por siempre!

Luego le pedí una hoja de papel y un bolígrafo a Rita, y me puse a escribir guiado por el Espíritu. Tomé la hoja de papel, la doblé bien y le puse unas grapas. Se la di en la mano a la niña y le dije: "En cuanto llegue a su casa, dele este papel a la empleada, que sea lo primero que usted haga. ¿Entendió?"

Ella me dijo que así lo haría.

Al siguiente día me llamó Rita a la oficina. Estaba asombrada. Me contó lo ocurrido en la casa de la niña. Me dijo que la niña le había entregado la hoja a la empleada, que ni bien leyó la carta de inmediato se fue al cuarto. Empacó todas sus cosas y le dijo a la niña que se iba para no volver jamás. La niña le dijo que le debían salario. Le contestó que no importaba y que no la buscaran más. Que también le regresara la rosa blanca. La niña se la dio y la empleada se fue.

Rita me preguntó: "¿Qué fue lo que le escribiste?"

Le conté todo lo de la visita de esta bruja que relaté anteriormente, y de cómo a esta mujer le advertí que nunca más se atravesara en el camino del Señor.

Pero Rita insistió en que le dijera el contenido de la carta, así que se lo dije. Esto escribí:

"Mire Mayra, yo soy el misionero al que usted atacó para matarme en cuerpo astral en la casa de la Uruca años atrás. Yo le advertí a usted que en ese momento yo podía orar para que su alma descendiera al infierno y usted moriría. Pero le advertí que nunca volviera a visitarme, hacer daño a alguno de mi familia y que tampoco se entrometiera en los caminos del Señor.

Yo ya sé todo lo que usted le ha estado haciendo a esta niña y el daño que está ocasionando a su familia con sus hechizos, y tiene que saber que yo no voy a permitir que usted siga destruyendo este hogar.

Le doy una hora para que haga su maleta, abandone esa casa y retire todos sus hechizos.

Si usted no lo hace, lo sabré al preguntarle a la niña sobre lo que usted hizo. Si se opone a lo que le ordeno, oraré para que Dios la discipline en forma profunda. Y recuerde, dura cosa es caer en manos del Dios vivo. Obedezca."

Y firmé la carta.

Así le conté lo que escribí y los dos compañeros oramos para darle la gloria a Dios por toda esta liberación y victoria.

Sueño con mi papá

Hago una breve reseña del rol que tuvo mi papá en mi vida. En su juventud viajó mucho por todo el país y se relacionó bastante con gente que practicaba la hechicería, llegando hasta el nivel en que se podía hacer invisible. Mi madre sufrió mucho por todo esto, y hasta en una ocasión en presencia de ella se le hizo invisible. Mi padre visitaba mucho a las adivinas y brujas hechiceras de diferentes lugares para averiguar asuntos relacionados con celos, robos y cuantas dudas tenía de algo.

Fue atormentado por un espíritu inmundo de celos que le hizo la vida imposible a mi madre y a mi persona.

A pesar de todo esto vivía sin vicios, era responsable, honrado y muchas virtudes le distinguían, a excepción de esos profundos celos que provocaban serias agresiones a mi madre, desde físicas y psicológicas hasta verbales.

Sufría mucha angustia al ver cómo mi padre agredía a mamá y sin que ningún hermano mayor interviniera.

Un buen día, cuando crecí, recuerdo que, con respeto pero enérgico, defendí a mamá y no permití que la golpeara nunca más. Yo supe lo que era recibir golpes físicos y agresiones psicológicas por no permitir que se lo hiciera a mi madre. Hasta la fecha soy yo el que vigilo que mamá se encuentre bien, a pesar de que la tengo paralítica, muda y sufriendo de diversos males causados por un derrame cerebral que sufrió en el año 2001. Gloria a Dios que aún la tengo con vida.

Por defender a mamá mi papá nunca me quiso, y siempre me hablaba ásperamente. Por un tiempo odié a mi padre, mas sin saber que eso era así, pues yo pensaba que había perdonado de corazón a papá cuando vine a Cristo. En un mensaje de un siervo, en la iglesia Rosa de Sarón, me enteré de que yo aún no había perdonado del todo a papá. Ese mismo día vine, lo abracé, le pedí perdón y comenzó a suceder algo muy lindo: papá me comenzó a hablar, empezó a darse un mejor trato a mi persona y hasta fue a mi primera graduación de la universidad. Se podría decir que hasta ese momento comencé a tener un papá de verdad. Fue algo muy lindo para mi vida.

Sin embargo, papá era muy rebelde para con Dios, porque cuando pasaba algo fuerte en su vida acudía a Él prontamente, hasta se congregaba algunos días, pero luego blasfemaba contra Dios, la Biblia y renegaba de todo, desde el pastor hasta las ofrendas y mucho más.

Un día le comentamos esta situación a mi tío Paco, ya que era su hermano mayor, y nos a aconsejó a mamá y a mí que solo lo entregáramos en ayuno y oración a Dios, que Él sabría cómo tratar con papá.

Mamá y yo lo hicimos así y esperamos a ver qué hacía Dios. El Señor nunca falla. Claro que hay veces que Dios actúa de formas que no esperamos y nos parece que todo lo arruina. Pero al final vemos que Él tiene siempre la razón.

Dios me dio primero un sueño sobre su situación espiritual. Soñé que papá estaba en una pequeña isla de unos cuatro metros cuadrados, había un pequeño arroyo que rodeaba la isla, y estaba sentado como meditando, de espaldas a donde yo estaba viendo, con los ojos cerrados. Clamé a Dios para que lo liberara y vi que de su cuerpo salían animales feos y muy pequeños, como de unos 20 centímetros de alto. Primero salieron tres perros negros, luego tres gatos de diferentes colores, tres serpientes negras con ojos rojos como luces y por último una tortuga. Cuando salió el último animal, papá se puso de pie, con una cara muy feliz.

Cuando vi eso le pregunté al Señor sobre esos animales, a lo que me respondió que los perros representaban su doble ánimo, que de a ratos salía del poder del diablo, pero luego volvía a su control. Que los gatos eran su fiereza y toda la ira que le dominaba, y que por eso vivía siempre lleno de rencores, iras y celos. Que las serpientes eran sus inclinaciones a la hechicería y a todo lo relacionado con lo oculto.

Pero cuando llegué a la tortuga, le pregunté dos veces, pero no me decía. El Señor me dijo que eso era lo más grave en él, que ese demonio controlaba a todos los demás, ya que ese animal eran sus excusas y su auto justificación religiosa, lo que le impedía entregar por completo su corazón a Dios. Su caparazón escudaba lo que el Espíritu quería hacer en él, y me dijo también que solo papá podía decidir no tenerlo en su vida.

Me desperté y se lo comenté a mamá para que oráramos contra ese demonio de auto justificación religiosa.

Lo primero que apareció en papá fue el mal de Parkinson, eso le afectó mucho su orgullo y se sentía avergonzado de que su mano derecha le brincara sin control, por lo que ya no quería salir.

Yo pensé que Dios había empezado a tratar con él y que, si yo había visto salir los demonios de su cuerpo en el sueño, creí que iba a ser libre, así que tomé ese versículo de Hechos de que seríamos salvos todos:

"Ellos dijeron: Cree en el Señor Jesucristo, y serás salvo, tú y tu casa." Hechos 16:31

Hice mía esa promesa y Dios nunca falla en lo que promete.

Pero mi papá se volvió más rebelde, lo que significó más pleitos en casa y más consultas con brujas.

Hasta que una noche se trancó de la orina y todo dio como resultado un cáncer de próstata con mucha metástasis. Los médicos nos dieron unos cuatro meses de vida. A esta altura ya hacía unos dos años y medio que había empezado a tener una linda relación con él como hijo y el que me fuera quitado ese papá que tanto había deseado me sonó como a injusticia por parte de Dios. Mas Dios es tan lindo que calla por amor, y luego nos deja ver los errores en los que hemos caído y cómo enjuiciamos de antemano.

Cuando le operaron, papá lloraba como un niño y parecía que estaba bien arrepentido, y a razón de esa apariencia yo le suplicaba al Señor que le quitara el cáncer. Pero Dios permanecía en silencio trabajando.

Fuimos a unas citas con el Dr. Garzona, especialista en Urología del Hospital México y nos dijo que algo extraño estaba ocurriendo en el caso de papá. Que el cáncer se había estacionado, que se alimentaba de algo que él no sabía qué era, pero que seguía vivo, sin crecer. Que no tenía una explicación médica lógica, y es más, mencionó que jamás había visto algo así. Supe que eso era obra de Dios.

Cuando papá se recuperó de la operación se rebeló aún peor. Entonces entendí que Dios seguía trabajando.

Al año y ocho meses el cáncer se volvió a activar, así que lo internaron en el Hospital México nuevamente y entró en estado inconsciente, al grado de que para el segundo día hubo necesidad de aplicarle descargas eléctricas por un paro cardíaco que sufrió.

Cuando mis hermanos me dijeron lo que ocurría en el hospital, yo entré en mi cuarto y oré diciéndole al Señor Jesús estas palabras: "No permitas que muera hasta que esté listo, pues él será salvo así tengas que mover cielo y tierra. Es tu promesa."

El tercer día despertó en la mañana y en la tarde no pude ir a verlo, por lo que le mandé a decir con mi hermana Teresa que por el trabajo no podía ir, pero que al día siguiente yo estaría allí, Dios mediante.

En la visita, papá vio a todos los hermanos y preguntó por mí. Le explicaron todo, pero dijo: "Díganle a Rafita que yo ya estoy listo."

Mi hermana le preguntó: "¿Listo para qué?" Pero él sólo respondió: "Dígale eso, él va a entender..." y luego cambió el tema y siguió conversando con ellos.

Cuando mi hermana menor Teresa me dijo el recado, rebozó mi corazón de alegría al saber que Dios había tratado con él durante su gravedad. Y ahora veo que fue así, porque desde que despertó hasta su muerte no se le escucharon decir malas palabras, y hasta oró con otro enfermo el cual recibió a Cristo en su corazón. Once días después partió con Dios.

Para mí fue muy duro y lloré mucho, pero entendí que era mejor estar con Jesús que estar en esta vida. Nada se compara con la gloria de allá. Claro que aún lloraba mucho por su ausencia.

Ocho días después tuve otro sueño con él y fue así:

Soñé que estaba en una playa (luego visité el puerto Limón y me sorprendí porque fue ahí donde vi a papá, en ese momento no conocía ese cantón). El mar se retiró hacia adentro como unos cien metros y vi que papá estaba de pie, vestido de un traje largo color celeste, y me hizo señas para que fuera donde él estaba. Tenía su rostro iluminado de felicidad, y me dijo: "Se me permitió venir a decirte esto: Hijo, su mamá y usted tenían razón. Jesús es Dios, ya lo vi. Es algo lindísimo y glorioso. Yo ya hablé con Él.

Yo le respondí: "Lo que le decíamos mamá y yo es lo que la Biblia declara y la Biblia solo dice la verdad."

"Sí, hijo. Si usted lo viera. Es algo muy especial."

Se le notaba una gran alegría en su rostro, y en el tono de su voz su gozo se desbordaba.

En eso aparecieron algunos de la secta de los que niegan que Jesús es Dios, omito el nombre, pero ustedes entienden. Ellos estaban en un restaurante en la playa, y gritaron: "Escuchen ustedes, Jesús no es Dios, él es un enviado de Jehová y Él es creado, no es Dios."

Los dos nos volvimos a ver la cara y nos reímos de semejante blasfemia, y de una manera extraña nos comunicamos solo con la mente. No sé cómo explicarlo, pero fue así. Papá me preguntó: "¿Le contesto yo o le contestas tú?"

Yo le dije: "Le contesto yo." Me volví a ver a donde estaban y les dije: "Vean hijos del diablo, ustedes tienen que arrepentirse de esa blasfemia para que crean en Jesús, ya que él es el único que les puede salvar. Vea lo que la Biblia dice: *Jesús es el camino, y la verdad y la vida. Nadie viene al Padre sino es por mí.*"

Cuando volví a ver a papá ya no estaba. Pero me sentí muy feliz de ver que Dios le había salvado.

Desde ese día no volví a llorar por papito. Él fue salvo solo por la gracia y misericordia del gran Dios.

Estimado lector: Llena tu corazón de Sus promesas que están en la Palabra de Dios, y nunca serás avergonzado.

Sueño con la teofanía del Padre

Antes de iniciar a relatar este sueño debo aclarar que nunca tuve un papá con quien pudiera compartir lo que sucedía en mi vida, ya que desde pequeño fui víctima de una discriminación abierta por parte de mi papá, y por varias razones. En primer lugar, desde pequeño fui muy dado a investigar en libros o fuentes fidedignas cualquier afirmación en busca de la verdad, y eso le chocaba en gran manera, pues yo no era de aceptar todo sin preguntar. Otro aspecto fue que yo nunca estuve de acuerdo con las diversas agresiones que él le propinaba a mi mamá. No fue sino hasta que crecí que fui el defensor de mi madre.

En resumen, fui el hijo menos amado de mi papá. Nunca me alzó en sus regazos, nunca me dio un abrazo y mucho menos un beso, por lo que siempre anhelé algo de eso. Entonces, cuando Dios me llamó a Su reino, lo primero que me pareció difícil de aceptar fue la figura de un padre, pues veía a Dios Padre con la figura de mi papá terrenal: autoritario, nunca se le complacía con nada y siempre amenazante.

Tenía el concepto de que el Hijo estaba siempre en favor de nosotros, apaciguando al Padre, para que ese Dios Padre no nos destruyera. Y al Espíritu Santo lo veía como ese ser amoroso que siempre nos protegía con paciencia, ignorando el texto tan famoso del evangelio de Juan, donde se describe el gran amor que el Padre nos ha mostrado:

"Porque de tal manera amó Dios al mundo, que ha dado a su Hijo unigénito, para que todo aquel que en él cree, no se pierda, mas tenga vida eterna." Juan 3:16

Nótese en el texto que la iniciativa de rescatar al ser humano salió del corazón del Padre, y que era tan grande ese amor que no se limitó a solo entregar a su Santo Hijo en rescate de la humanidad pecadora e indigna.

El sueño que tuve fue de la forma siguiente:

Estaba en un planeta extraño, donde se respiraba una paz tan profunda que uno no deseaba irse de ese lugar. Daba como cierta alegría en el corazón. El cielo era azul, un poco iluminado, como si fuera un amanecer, pero noté que no había estrellas, luna ni tampoco sol. Había un césped suave y algodonado que lo sentí en mis pies descalzos.

A unos doscientos metros pude ver unas pequeñas lomas sembradas de flores muy coloridas, era como si tuvieran luz propia dentro de ellas, y en algunos lugares retirados había árboles con follajes de igual forma que las flores, con algunos frutos de diversos colores y formas. Al lado izquierdo había un gigantesco árbol con ramas de mucho follaje. Tenía un tronco bastante grueso, de unos cinco metros de diámetro, y se elevaba a unos 100 metros de altura, se le sobresalían unas raíces del suelo y quedaban unos lugares apropiados como para sentarse. En el lado derecho había un lago grande de agua cristalina, donde se podía ver su interior con muchos peces.

En los alrededores había personas como jugando o paseando por entre las flores y los árboles, traían túnicas muy resplandecientes, rostros alegres y llenos de paz. Algunos comían de las frutas de los árboles y otros jugaban entre sí.

Observé con detalle todo a mi alrededor y decidí ir a las raíces del gigantesco árbol a sentarme. Me senté sobre una raíz a disfrutar de la paz y la hermosa vista.

Luego vi que venían dos filas de hombrecillos como enanos, con orejas puntiagudas, traían un traje como los monjes antiguos, con gorros y cada uno traía un báculo. Venían en dos filas de unos veinte en cada fila. Entre las hileras traían un objeto envuelto en una sábana blanca que parecía como una momia envuelta en telas blancas, y debajo de este objeto traían otra sábana blanca a la que sostenían por las puntas. Los de adelante traían antorchas encendidas.

Vi que llegaron a la orilla del lago y pusieron el objeto en el suelo, fue ahí donde pude ver que era como un cuerpo envuelto en sábanas. Los que traían las antorchas comenzaron a hablar y dijeron: "Estimados presentes, nosotros somos profetas de Dios y para demostrarlo, vamos a pegarle fuego a este muerto y luego lo vamos a meter en el agua y al hacerlo, resucitará. Vengan y vean los milagros de Dios, acérquense porque ya vamos a hacer el milagro."

Movían las manos arriba hacia ellos y llamaban a las personas, y estas comenzaron a llegar alrededor de ellos, de tal forma que ya había alrededor de unos quinientos presentes. Pero una cosa extraña que pude apreciar fue que al lado de donde yo estaba viendo nadie se colocó ahí, era como para que yo pudiera visualizar lo que ocurría.

Cuando estos personajes comenzaron a llamar a la gente, vi venir, de la parte del fondo, a un hombre alto y joven, de unos dos metros o más, vestido como un monje de la antigüedad, con el gorro puesto, traía un cordón amarrado en su cintura, el color de su traje era gris muy claro, casi blanco. Traía un báculo grande, un poco más largo que su altura y portaba sandalias en sus pies.

El varón llegó y se sentó en una raíz un poco más alta que la mía, bajó su gorro y noté que su rostro era el de un joven de unos 25 a 30 años, su pelo recortado varonilmente. Su pelo era un poco canoso y negro, un poco mezclado.

Volvió su mirada a donde yo le estaba observando y me vio a los ojos con rostro sonriente. Su mirada fue penetrante, y ocurrió algo muy extraño. En ese instante fue como si por mi mente pasara todo mi pasado, tanto lo bueno como lo malo, y me sentí como un vil pecador, de ver que ese personaje supiera quién y qué era yo. Me sentí avergonzado. Luego Él sonrió más y como que una ola de paz me traspasó y sentí como si me dijera: "Tranquilo, yo sé quién eres, pero yo no te condeno, yo soy tu amigo."

Los dos volvimos las miradas en paz a esos personajes que hacían gran propaganda de que ya iban a hacer el citado milagro.

Los seres de las antorchas las levantaron y dijeron: "Ya dimos mucho tiempo, haremos el milagro ya."

Bajaron las antorchas para prender la sábana, pero el varón que me miró se puso de pie, hizo un entrecejo de disgusto y dijo: "Les prohíbo que hagan eso…"

Los enanillos levantaron las antorchas y dijeron: "¿Cómo se atreve usted a prohibirnos hacer un milagro? Nosotros somos profetas de Dios. ¿Usted quién se cree que es?"

El varón sonrió un poco y dijo: "Yo soy el Dios creador."

Cuando dijo eso, me puse de pie, lo miré de arriba abajo, en gran asombro y pensé: "¿Cómo es que Dios puede estar aquí en forma humana? Es imposible."

Los enanillos dijeron: "Usted miente, Dios es espíritu y usted es un simple humano, además fue Dios el que nos envió a hacer este milagro. Así que lo vamos a hacer…"

Bajaron las antorchas y dijo el varón: "Observen."

Levantó su báculo al cielo y de la punta del báculo salieron muchos rayos, penetraron en el cielo azul y giraron de izquierda a derecha, formando un gran agujero en el cielo, era como si los rayos hubieran hecho un hueco en el firmamento y en el agujero se creaban planetas, estrellas, y galaxias. Se creaban cosas y se destruían otras, se hacían y destruían mundos completos. Mientras esto se veía, al mismo tiempo se escuchaba un gran bullicio, un zumbido como de miles de abejas al mismo tiempo, el cual estremecía el suelo al estruendo de lo que ocurría.

Al ver esto tan terrible la gente gritaba en desesperación y corrían a ocultarse detrás de los árboles, flores y rocas. Yo intenté huir, pero mis pies estaban como clavados en el suelo, así que no pude ni moverme de mi lugar. Creía que me iba a morir, fue algo sin palabras, demasiado impresionante.

Los enanillos se tapaban sus rostros con sus brazos y gorros, y se tiraban al suelo aterrorizados.

El público ya había huido y estaban ocultándose entre los árboles, y con temor se asomaban a ver lo que iba a ocurrir.

Luego el varón bajó el báculo y los rayos cesaron, al igual que el estruendo, y el cielo quedó intacto, como estaba antes. Al ver esto murmuré en voz temerosa y baja: "Verdaderamente Él es el Dios creador."

Los enanillos dijeron entre sí: "Hagámoslo...", y bajaron sus antorchas a la sábana.

El varón inclinó el báculo, sin quitarlo del suelo, y varios rayos salieron de la punta. Un rayo dirigido a cada uno de los enanillos los pulverizó, y segundos después salió un poquito de humo verde que se deshizo en el aire. Los desintegró por completo, sin dejar rastro alguno de cada uno de ellos.

A tal poder me asombré más. Los desintegró sin decir ni una palabra. "¡Qué poder!", decía yo en mi mente. Pero me preguntaba si era realmente el Dios Hijo, ya que no se parecía a la figura de varón que había visto en sueños y visiones. ¿Quién era?

Donde yo estaba me encontraba temblando. El varón caminó hacia donde estaba el cuerpo envuelto en las sábanas y dijo: "Levántate, Hijo, es hora de irnos."

Casi se me salen los ojos, y pensé que iba a morir, que me iría con Dios, ya que había visto a Dios Padre, y el texto dice que ningún hombre puede ver a Dios y vivir:

"Dijo más: No podrás ver mi rostro; porque no me verá hombre, y vivirá." Éxodo 33:20

El cuerpo dentro de las sábanas se movió e instantes después se levantó el personaje que he visto en sueños y que es Jesús, se sonrieron entre sí y se echaron el brazo en el hombro el uno al otro y comenzaron a hablar con grandes sonrisas.

El Espíritu vino a mí y me preguntó en el corazón: "¿Sabes de lo que están hablando entre ellos?"

Le contesté: "No, mi Señor."

"Están hablando de ti, Dios tiene memoria de cada ser humano que ha creado."

Ahí yo comencé a llorar de alegría, de ver que el Sumo Señor piense en un ser sin valor como yo.

Desperté con mucha alegría de ver que el Padre no es como yo lo imaginaba. Pero tenía cierto temor de que iba a morir esa noche, y que no quedaría nadie para mantener a mis padres. Confieso también que me daba alegría saber que iba a morir e irme con mi Señor.

Al siguiente día amanecí bien, para la gloria de Dios. Había culto de jóvenes en la iglesia a donde me congregaba y me fui temprano. Le conté a mi pastor el sueño y le pregunté si me iba a morir al haber visto al Padre. El pastor me explicó que eso era solo una teofanía del Padre, que pudo presentarse en forma de algún otro cuerpo u objeto, que lo que vi no era la sustancia o la persona del Dios Padre que mora en el Lugar Santísimo del tercer cielo. Era solo una manifestación o figura de Él. Así como el Espíritu Santo se ha presentado como paloma, fuego y otras figuras, no significa que Dios el Padre se parezca a lo que yo ví en el sueño.

Esa explicación me trajo paz de que no iba a morir, mas no cambia que esta experiencia haya marcado mi vida en gran manera.

4. Experiencias en Teen Challege de 1988 a 1997

Experiencias con el lobo blanco

Mi primera experiencia en este centro de rehabilitación para adictos fue como en el año 1989. Ahí atendía a jóvenes en varias formas: consejería, predicaciones en capellanía, ministraciones y oraciones de liberación, por sanidad y cualquier otra necesidad.

Recuerdo que un día atendí a un joven delgadito que tenía muchos problemas en su hogar. Este joven me relató cosas muy tremendas que había supuestamente sufrido, y me contó también situaciones y hechos que había pasado en la calle, cosas que en verdad parecían muy fuertes. Este muchacho sentía que en su corazón había mucho odio y rencores, de eso no cabía dudas.

Ese día, después de la enseñanza de la noche de los sábados a las 7 pm, pasamos a la oración y Dios me movió a orar específicamente por este joven. Me le acerqué y oré frente a él. El Espíritu me dirigió a poner mi mano derecha sobre su hombro izquierdo, y cuando lo hice se me abrió una pantalla en mi mente en la cual sentía que yo flotaba en las afueras del centro, a una altura de unos dos metros, por el costado norte del centro. Por la ventana vi que este joven se encontraba durmiendo, noté que la noche estaba iluminada como si hubiera luna y el cielo estaba estrellado. Parecía que eran altas horas de la noche, pues había silencio en todo el centro y el barrio no mostraba movimiento. Pude sentir que una brisa fría soplaba.

Luego vi que este joven se movió un poco sobre su cama, pero sin despertarse. Me retiraron de la orilla de la ventana, hacia atrás, al lado de la salida, al costado oeste. En la visión me metieron dentro de la habitación donde dormía el joven, y desde allí podía ver hacia afuera con gran detalle. Por la ventana vi que se acercaba una especie de perro o lobo grande, con un pelaje muy blanco, muy bien peinado y limpio. Su pelo era un poco largo en el cuello y se veía muy sedoso. El viento soplaba sobre el pelaje del lindo animal. Pude observar que olfateaba el suelo y a veces levantaba la cabeza y se ponía a olfatear el aire.

Al ver a este precioso animal pensé que era, muy probablemente, algún ángel o guardián que Dios le había enviado al joven para protegerlo, pero el Espíritu me dijo: "No es lo que tú crees."

Pero yo contradije al Señor en cierta forma, y debatí: "Pero Señor, el animal es bonito, limpio y blanco."

El Espíritu me dijo: "Calla y observa..."

El lobo seguía olfateando y arrimándose a la ventana, y el joven se puso inquieto, aunque todavía dormido.

De pronto el lobo levantó la cabeza y miró dentro del cuarto y me vio fijamente. Sus ojos eran como dos chispas rojas, como dos bombillitos color de la sangre, y le salían colmillos blancos de su hocico.

Emanaba maldad en su mirada, así que me eché para atrás del miedo y pregunté: "Señor, ¿es un demonio?"

El Espíritu me dio calma y me dijo: "Sí, es un demonio rastreador. El joven mintió al contarte sobre su vida esta tarde. Estos demonios rastrean las obras de la carne en los cristianos."

Yo de inmediato lo reprendí, diciendo: "Demonio rastreador, te reprendo en el nombre de Jesús." El animal dio media vuelta y echó a correr para arriba de la montañita de la propiedad.

La visión terminó y le comenté al joven que estaba en peligro por el montón de mentiras que me había contado en la consejería. Al principio lo negó, pero cuando le conté lo que había visto, aceptó que había mentido para impresionarme con un testimonio falso. Se arrodilló y, llorando, pidió perdón al Señor.

Experiencias con los vampiros

Esta experiencia se dio como en el año 1990, y ocurrió de esta forma:

Estábamos en una reunión de enseñanza bíblica, y al terminar la clase comenzamos a orar. El Espíritu me hizo sentir el deseo de orar por un joven que estaba de pie en el centro de la habitación.

Llegué ante él y esperé a que el Señor me guiara sobre cómo orar por el joven, y me hizo sentir que pusiera una mano sobre su pecho. Lo hice, y se me abrió esa pantalla en la mente. Pude ver una casa de color verde fuerte, y ahí escuché como la voz de una mujer que dijo: "Vayan y encuéntrenlo…"

De la casa salió un grupo como de murciélagos o vampiros grandes, volando en el aire, y les seguí a cierta distancia. Explico que Dios me hizo volar por el aire hasta el centro, siguiendo a este grupo de murciélagos. Me asombré y supe que esos animales eran demonios. Tenían caras horribles y colmillos negros. Yo le pregunté al Señor que si eran demonios y el Espíritu me dijo que sí. Pero le pregunté por qué eran de forma de murciélagos, mas no me respondió, solo me dijo que los reprendiera. Obedecí y dije: "Demonios vampiros, les ordeno en el nombre de Jesús que se alejen de este lugar."

Los vampiros se retiraron de donde volaban como a unos 70 metros de altura. Ya en ese momento me habían introducido dentro del centro, pero por mucho que le pregunté al Espíritu sobre eso de los vampiros y su significado, no me dio respuesta en ese momento.

Pero cuando ya me iba para la casa, en la carretera, sentí Su preciosa presencia muy fuerte y comencé a llorar, llovía mucho y la visibilidad era casi nula. No me importó y seguí conduciendo muy lento. Entonces el Espíritu me comenzó a hacer preguntas sobre el tema.

Me preguntó: "¿Viste de dónde salieron los vampiros?"

Le contesté: "Sí, Señor."

"La casa desde donde se enviaron es de una bruja hechicera que vive en Desamparados. Ella le mandó una maldición al joven que te dije que oraras por él."

"Ya veo. Pero Señor, qué significan los vampiros, por qué los demonios tenían esa forma espiritual."

Y me preguntó: "¿Cómo hacen los murciélagos o vampiros para volar de noche?

Yo contesté: "Creo que, según estudios humanos, usan una especie de radar para localizar el rebote de sonidos de alta frecuencia que ellos mismos emiten."

A lo que me explicó: "Es algo así que funciona en el mundo espiritual. Cuando el Señor nos trae a Su conocimiento, nos traslada a Su reino, pasamos a ser invisibles en el mundo espiritual de los demonios; pero cuando hablamos cosas incorrectas, viles, sucias o contrarias a la Palabra, estos demonios rastreadores, detectan dónde nos encontramos y dan órdenes para que otros demonios nos envíen ataques o golpes a nuestras vidas. Esos vampiros son espíritus rastreadores en la parte del sonido, detectan lo malo que sale de nuestras bocas."

Cuando el Espíritu me explicó esto, entonces entendí el por qué se nos exhorta a que usemos, hablemos y andemos de acuerdo a la Palabra: para no ser detectados por estos espías, de lo contrario, pasamos a ser blanco de sus ataques.

"Con gozo dando gracias al Padre que nos hizo aptos para participar de la herencia de los santos en luz; el cual nos ha librado de la potestad de las tinieblas, y trasladado al reino de su amado Hijo, en quien tenemos redención por su sangre, el perdón de pecados." Colosenses 1:12-14

"Por lo cual estoy seguro de que ni la muerte, ni la vida, ni ángeles, ni principados, ni potestades, ni lo presente, ni lo por venir, ni lo alto, ni lo profundo, ni ninguna otra cosa creada nos podrá separar del amor de Dios, que es en Cristo Jesús Señor nuestro." Romanos 8:38-39

En el pasaje queda claro que la Palabra indica que los hijos de Dios estamos ya en el reino de su amado Hijo, somos intocables.

En el segundo pasaje vemos que no podemos ser separados del amor de Dios; pero nada dice de que, por nuestra propia necesidad, podemos recibir ataques, saliéndonos de su infalible protección.

"Si, pues, habéis resucitado con Cristo, buscad las cosas de arriba, donde está Cristo sentado a la diestra de Dios. Poned la mira en las cosas de arriba, no en las de la tierra. Porque habéis muerto, y vuestra vida está escondida con Cristo en Dios." Colosenses 3:1-3

Aquí nos habla de hechos en el mundo espiritual. Nuestra vida está **escondida** con Cristo en Dios. Y lo otro es que debemos de percatarnos que, aunque estamos en lo natural aquí, ya tenemos un pie en el cielo. Hablemos como Dios habla, todo por fe, y poniendo nuestra vista allá, en nuestra verdadera patria.

Experiencias con los perros

Esta experiencia fue parecida a la anterior, y se dio casi en la misma fecha, a finales del año 1990. También estuve, como todos los sábados, en esta institución, y atendía de tres a seis de la tarde dando consejería a algunos jóvenes que batallaban con problemas del pasado. Luego, de seis a siete cenábamos, y desde las siete hasta las nueve de la noche nos reuníamos a recibir una oración o ministración para cautivos, y obteníamos oración por sanidad o cualquier otra necesidad cuando así lo ameritaba.

Ese día atendí a un joven con un problema sexual, pero no se abría al diálogo, y tenía miedos múltiples. Por ética le llamaré Jimmy.

Jimmy era casado, tenía una hija de cinco años, y le gustaban solo las mujeres, pero le agradaba vestirse con la ropa que usaba su esposa, le gustaba que lo enamoraran los hombres, aunque sin llegar al sexo o a la intimidad. Era adicto a la pornografía femenina. Aunque en público no quería aparentar nada femenino ni algún otro problema. Es más, me sorprendió la confesión de su descarrío sexual.

Cuando terminamos la capilla, pasamos a la oración y ministración, aunque esto solo ocurría cuando había una manifestación demoníaca en algún joven.

Al empezar a orar se manifestó un demonio de suicidio en Jimmy, pues al preguntar su nombre, obligado por el nombre de Jesús, el demonio confesó que era un demonio de suicidio.

Luego, al ser liberado, el joven se incorporó, pero sentí de parte de Dios que algo andaba mal en su área sexual, porque el joven no quería rendir esa área a Jesús.

Entonces Dios me indicó que orara por este joven poniendo mi dedo índice derecho en su frente (aclaro que en este centro Dios me enseñó a serle obediente en lo que Él me indicara, pues al permitir la duda florecer sufrí situaciones adversas. Algunas veces perdía el tiempo preguntando el porqué de alguna situación y lo que me venía a continuación era una mala experiencia, la cual finalizaba con la misma conclusión: DIOS SIEMPRE TIENE LA RAZÓN.

Aunque en el momento no lo entendamos, cosas tales como dónde poner mi mano, dedos, qué palabras decir, prohibir algo, atar algo y mucho más). Lo más importante de todo esto es que seamos obedientes al máximo, sin discutirle u opinar en Su contra, hay que aprender de Él en todo sentido, pues Él es el maestro.

Al poner mi dedo en su frente se abrió la pantalla en mi mente. Logré ver una jauría de animales monstruosos parecidos a perros, logré ver que el joven y yo estábamos en una loma de unos 150 metros de altura, con mucha inclinación en la subida, y se ascendía por un estrecho camino en forma de "Z".

A lo largo se podían ver unos seres como hombres, con colmillos en sus bocas, y traían como corazas de escamas grandes en sus cuerpos y brazaletes de metal con picos. Una especie de "horcos" de la película de "Warcraft". Me parece sorprendente que su servidor haya visto a estos seres espirituales en la visión en el año 1991 y ahora en el 2018 existan "juegos" y hasta películas de estos seres espirituales.

Eran casi iguales, solo que no eran verdes, parecían de color de piel humana, y tenían los ojos rojos. Traían arcos cruzados en sus pechos, aljabas de flechas, lanzas en sus manos y había unos pocos con mazos y esferas de picos afilados.

Estos "horcos" llevaban gruesas correas en las que llevaban seres semejantes a perros con colmillos grandes, afilados y pelo grueso; estos perros venían como erizados. Olfateaban el suelo, también levantaban las cabezas, olfateando el aire y jalaban con fuerza las correas de sus portadores.

Los "horcos" les gruñían como para calmar a esas bestias. Y al trote de estos perros, casi corriendo, comenzaron a subir la cuesta.

En la montaña estaba el joven, al que vi lleno de miedo, y como que quería huir del lugar; pero por todos lados venían esos monstruos, y ya habían rodeado la loma donde estábamos. Me dio cierto temor porque, aunque lo que estaba ocurriendo era solo en la mente, parecía muy real. El Espíritu me dio fortaleza diciéndome que era real en el mundo espiritual, pero que Él estaba ahí para protegernos.

El Espíritu me dio la orden de reprender con autoridad en el nombre de Jesús. Yo dije en voz alta: "Demonios inmundos, los reprendo en el nombre de Jesús. Váyanse de esta montaña."

Estos seres se confundieron y comenzaron a olfatear en diferentes lugares, algunos salieron para abajo, pero todos se alejaron.

La visión se cerró y no vi nada más, por lo que le pregunté al Espíritu el significado de lo que había visto.

El Señor no me respondió nada ese día sino hasta unos días después cuando, viendo a un perro en la calle y estando en el mismo centro Teen Challenge, observé que olfateaba el suelo para encontrar un hueso que andaba buscando. Entonces el Espíritu me trajo a la mente las bestias que había visto cuando oré por Jimmy.

Él me dijo: "¿Cuál es la comida que le gustan más a los perros y lobos?"

A lo que contesté: "la carne."

Me dijo que era correcta mi respuesta. Entonces me explicó: "Estos son otro tipo de espíritus rastreadores que detectan cristianos por las obras de la carne. El hacer obras de la carne hace que sean detectados por las fuerzas del mal. Estas fieras se alimentan de la carne y si los cristianos hacen obras de la carne, estos seres los encuentran donde están y los otros espíritus los atacan con diversas cosas como: depresiones, opresiones, enfermedades, dolencias y muchas formas más."

El Espíritu me explicó en mi corazón que el propósito de vivir del cristiano aquí en la tierra es de ser portadores de buenas nuevas, y esas buenas noticias debemos de mostrarlas en nuestro diario vivir, diciéndole al mundo que la vida que Jesús da es vida, y vida en abundancia. No se trata de vivir aburrido, sino al contrario, es un gozo y un privilegio permanecer con Él. No es como algunas personas orgullosas y de corte legalista insinúan, diciendo que el vivir en Cristo es algo sacrificial, que hasta tienen que pagar un supuesto "precio". El amor no es una tortura, es un deleite el andar con ese precioso amigo llamado Jesucristo. El sacrificio de la carne es un resultado de andar junto al Señor, no un logro de alguna habilidad o poder nuestro.

Estimado lector, vea lo que la Palabra dice:

"Digo, pues: Andad en el Espíritu, y no satisfagáis los deseos de la carne. Porque el deseo de la carne es contra el Espíritu, y el del Espíritu es contra la carne; y éstos se oponen entre sí, para que no hagáis lo que quisiereis.

Pero si sois guiados por el Espíritu, no estáis bajo la ley. Y manifiestas son las obras de la carne, que son: adulterio, fornicación, inmundicia, lascivia, idolatría, hechicerías, enemistades, pleitos, celos, iras, contiendas, disensiones, herejías, envidias, homicidios, borracheras, orgías, y cosas semejantes a estas; acerca de las cuales os amonesto, como ya os lo he dicho antes, que los que practican tales cosas no heredarán el reino de Dios.

Mas el fruto del Espíritu es amor, gozo, paz, paciencia, benignidad, bondad, fe, mansedumbre, templanza; contra tales cosas no hay ley.

Pero los que son de Cristo han crucificado la carne con sus pasiones y deseos. Si vivimos por el Espíritu, andemos también por el Espíritu." Gálatas 5:16-25

En este pasaje Dios nos exhorta a no ser guiados por los deseos de la carne, sino a ser guiados por el Espíritu, que producirá lo que sí es perdurable, el fruto del Espíritu.

"El ladrón no viene sino para hurtar y matar y destruir; yo he venido para que tengan vida, y para que la tengan en abundancia." Juan 10:10

En este otro pasaje el Señor nos dice el contraste de servir al enemigo y lo que éste mal amo nos trae, mas el lindo Señor nos da no sólo existencia eterna, sino que nos trae "vida", que no es otra cosa que Él mismo viviendo en nosotros, dando como resultado paz, gozo abundante y perdurable, como así también una preciosa amistad con nuestro Dios creador.

Experiencias con el ángel rojo

Esta experiencia ha sido una de las más bellas que he tenido, mas no es mi interés el imponer alguna doctrina. Solo me sujeto a describir y expresar con lujo de detalles, dentro de mis posibilidades, lo que veo, escucho y siento en estas manifestaciones que mi Señor me ha dado.

En el año 1994 me encontraba en un salón nuevo que habían acondicionado, era un sábado durante la capilla de la noche. Había como unos cuarenta jóvenes. Ya estábamos en la oración, cuando el Espíritu se manifestó de una forma preciosa, se sentía su dulcísima presencia. Algunos comenzaron a hablar en lenguas. Otros caían cuando les extendía la mano hacia ellos, o soplaba sobre algunos. Todo acontecía de acuerdo a la dirección de lo que el Santo Espíritu me decía que hiciera.

De pronto se me abrió como una pantalla en la mente y me vi con los ojos cerrados en medio del salón, sentí el deseo de ver hacia arriba y pude ver el cielo como iluminado, pues tenía visión que traspasaba el techo. Entonces una luz plateada brillante apareció y rápidamente se hizo más grande, y se repartió en cuatro luces las cuales se colocaron en cada esquina del salón.

La luz disminuyó y logré ver a cuatro ángeles altos, como de dos metros de estatura, vestidos con trajes que parecían caballeros de la edad media, sus escudos alargados y puntiagudos en la parte de abajo. Toda su armadura era plateada y resplandecía, emitían luz. Traían espadas plateadas que tenían cierto fuego azulado en ambos filos, las tenían desenvainadas y a la altura del pecho. Supe que eran ángeles, ya que ellos tenían grandes alas en sus espaldas, como de plumas grandes y muy blancas.

Los cuatro ángeles abrieron sus cascos en sus rostros, se movían en forma simétrica, los cuatro al mismo tiempo. Sus rostros eran como de jóvenes de unos 20 a 25 años, sonrientes, pero con cierta seriedad. Luego volvieron sus rostros para arriba y vi algo rojo, del color de la sangre viva que descendía del cielo, que bajó rápidamente hasta el suelo.

Era un gran ángel, más alto, quizás de unos 2,5 metros, su traje llegaba hasta los pies, como de encajes o telas de neblina roja (es difícil describir todo esto pues en mi mente está claro, no así cuando intento escribirlo), emitía mucha luz. Su pelo estaba recortado (como todos los ángeles, pues nunca he visto a un ángel en visión o sueño que tenga el pelo largo o con facciones femeninas o de bebés), su cabello era de color del oro brillante, tenía grandes alas, sus plumas eran muy blancas, y eso me asombró mucho.

En la cintura llevaba un cinturón como si fuera una corona, cubriéndole el estómago con la parte más alta del cinturón. La misma forma de cinturón que describí en el capítulo anterior: hecho de un metal como el color del oro, pero que emitía luz. Traía sandalias en sus pies, de color del oro brillante, con piedras preciosas que emitían luz de diversos colores. Las mangas de las manos y la falda de abajo del traje traían como bordados de piedras preciosas que emitían luz, del color de las piedras preciosas. Se veían como si fueran lucecitas en esas partes de su vestidura. Sobre esas mismas partes también tenía como dibujos bordados de ese oro brillante.

En su mano izquierda traía como una gran plancha o tabla gruesa del mismo color del oro brillante, y en la parte de arriba había un papel continuo que salía de algo semejante a un rollo de la misma plancha. El papel se enrollaba en la parte de arriba en otro rollo de la misma plancha.

Lo digo de otra forma: salía papel de la parte de abajo y se enrollaba en la parte de arriba, en depósitos como barras del que salía papel y se enrollaba en la parte de arriba; pero ocultas en la misma plancha.

Era como un rollo de pergamino incrustado en la plancha. En la parte derecha de la plancha traía varios frascos dorados y en una base traía una gran pluma blanca, que luego la usó como bolígrafo, y era como de un metro de larga; pero era ancha y de un plumaje muy suave. También traía un frasco como tintero, con tinta de color del oro. Es difícil de explicarlo.

Atrás de este ángel venían dos ángeles más, pero eran más bajos, como de dos metros, vestidos de blanco, con un listón como de satín brillante en sus cinturas. Donde el ángel rojo caminaba, ellos se movían detrás de él.

El ángel vestido de rojo comenzó a caminar entre los jóvenes, se bajaba y miraba en el pecho de ellos, como viendo algo dentro de ellos, y luego se enderezaba para anotar en ese papel de la plancha. El papel corría a la velocidad que el ángel escribía, y era una escritura muy extraña, con trazos desconocidos para mí (a pesar de que he estudiado un poco algunas escrituras antiguas como jeroglíficos, fenicio, hebraico y otras lenguas, todavía no he podido reconocer esos trazos escritos).

El ángel seguía caminando y seguía anotando con mucha reverencia. Hubo un momento en que tomó un frasco pequeño y echó un poquito de ese líquido, se acercó a un joven y le sopló en el pecho, y luego vi que salió como un polvo dorado, que, al tocar este polvo al joven, cayó al suelo.

Yo me mantenía muy quieto y describiendo a los jóvenes lo que estaba viendo, pues no quería que se cortara la ministración que Dios estaba haciendo a través de este ángel. Se sentía la presencia del Espíritu en forma preciosa. Estos ángeles pasaron frente a mí y pude ver lo que escribía el ángel rojo, por eso digo que su escritura era desconocida para mí.

Hubo un momento en que se fijaba en la cabeza de la persona, pero la mayoría de las veces veía en el pecho. En un momento tocó la frente de un joven y este cayó al suelo. Se arrodilló y se fijó en el pecho del joven, y anotaba.

Luego los tres vieron hacia arriba, se juntaron y subieron rápidamente, así como vinieron. Luego los ángeles con corazas volaron por arriba y se juntaron formando la misma luz que vi cuando bajaron.

Sobre esta visión no tengo la mínima idea de su significado.

Caso de Pablito

En este centro de rehabilitación de adictos tuve muchos casos de liberación y de consejería con hechos sobrenaturales, y este caso deseo reseñarlo en este libro ya que es una situación que aqueja a muchas personas, y me estoy refiriendo al odio y el rencor. Estas fuertes emociones son una ventana para que el enemigo ataque a un hijo de Dios.

Una de las cosas más importantes que he aprendido en este valioso centro es que la mayoría de las personas que entran al mundo de las drogas no lo hace porque las drogas le atraigan, sino porque algún problema, herida, odio o frustración les ha empujado a esas sustancias con el fin de intentar tratar de huir de ese mundo que les mantiene prisionero. Son las heridas del alma las que dan pie a iniciarse en estas adicciones.

Cuando he dado consejería, he iniciado desde la niñez, con el propósito de detectar cuál ha sido el detonante que empujó a esa persona a buscar alivio en las drogas.

A este joven me lo asignaron para darle consejería, y noté que todo en su niñez había transcurrido muy bien, pero cuando llegamos a la edad de ocho años, me contó que su madre quedó viuda y dos años después se casó con otro caballero. Cuando abordamos el tema del padrastro hubo una reacción bastante violenta, al grado que no toleró más el tema y me pidió que de ese punto no habláramos nada. En días siguientes intenté abordar el tema, pero siempre se escudó de forma abierta, al grado que me indicó que, si abordábamos de nuevo este tema, no contestaría nada más de mis preguntas en las futuras conversaciones.

Le expliqué que teníamos que enfrentar ese odio y saber la razón para poder extirpar ese cáncer que tanto daño le había hecho a su vida y a la de los demás.

Por mucho que le expliqué el riesgo que corría y de lo inútil que era la consejería sin sanar esa llaga, y que debíamos atacar lo que le estaba haciendo daño pues ese era el fin de esas sesiones, se negó rotundamente, hasta me explicó que él ya había intentado matar a su padrastro en varias ocasiones. Siendo así dejé hasta ahí el tema con él, mas no delante del Señor.

En la semana estuve orando sobre el asunto y el Espíritu me dio una visión en mi cuarto, y pude ver toda la verdad de lo que había ocurrido.

El sábado siguiente llegué gozoso, y le pedí al líder que no atendería a ningún otro joven en consejería por el lapso de las siguientes dos horas, solo a Pablito, porque sabía que la batalla iba a arreciar.

Iniciamos con una palabra de oración y a continuación le pedí algo, que solo me escuchara lo que yo le iba a hablar, que por favor no me interrumpiera. Aceptó e inicié, así que comencé diciendo: "Tú viviste en un lugar llamado (y le mencioné el nombre), y ahí eras muy feliz, jugabas mucho con tu padre, un señor crespo, alto, delgado y que tenía una marca en su cara. Él te trataba muy bien. Todo era muy bonito, hasta que un día te explicaron que tu padre estaba enfermo y que se iba ir para siempre, que iba a morir."

Me interrumpió y con asombro me preguntó: "¿Cómo sabe usted que mi padre era así? ¿Usted lo conoció?"

Me sonreí y le confesé: "No lo conocí, pero el Señor me ha mostrado una visión sobre todo lo que has pasado."

Se sorprendió y me dijo: "Dígame más a ver si es cierto."

Continué mi plática: "Tu padre murió una tarde de invierno, lloraste mucho, pero el tiempo pasó y años después un señor comenzó a frecuentar tu casa. El señor era delgado, moreno, amable y de pelo crespo."

De inmediato saltó y dijo: "No quiero hablar de mi padrastro."

Me reí y le dije: "Yo no he dicho nada de un padrastro."

Pablo dijo: "Sí, pero lo que describió es de mi padrastro."

Contesté: "Cierto. Pero piensa: ¿Cómo sé yo las características de tu padrastro? Además, ahora él no es así, está un poco grueso y ha echado una pancita."

Dijo: "Usted me intriga. ¿Cómo sabe todo eso?"

"Ya te dije que todo lo he visto. Déjame decirte todo y escucha."

Me movió la cabeza en aprobación y continué el relato: "Este caballero te trató con mucho cariño y también jugaba contigo. Depositaste toda tu confianza en él y le llegaste a querer casi como a tu papá verdadero. Hasta que un día oíste algo que te hirió. Y desde ahí en adelante les has odiado cada día de tu vida."

Pablo me interrumpió con asombro y me dijo: "Sí, es cierto, desde ese día lo odio con todo mi corazón, porque era un hipócrita. ¿Sabe lo que dijo?

Mencionó que yo de por sí no era su hijo verdadero, que él tenía que amar al hijo que había nacido de él. Yo lo oí en el comedor, donde se lo estaba diciendo a mamá."

Yo le respondí: "Es cierto en parte lo que oíste, porque solo escuchaste parte de la conversación. No escuchaste la verdad. Solo parte de la conversación."

Él se exaltó y preguntó: "¿Cómo parte de la conversación?"

Le comenté: "Déjame terminar de explicarte. Ese día la conversación se dio en un almuerzo. Para que creas que estuve ahí, escucha, la mesa era de seis sillas, en los extremos era redonda, las sillas eran de madera, torneadas, y los respaldares y el asiento eran de color rojo oscuro."

Pablo reaccionó de nuevo y dijo: "De verdad que Dios le mostró todo. Así era el juego de comedor. Sígame diciendo..."

Continué: "Ese día tu padrastro le estaba contando a tu mamá sobre un compañero de trabajo que le reclamó del por qué él te amaba tanto a ti, que de por sí tú no eras su hijo natural, y que si el compañero hubiera sido su padrastro habría hablado con su mamá para cuidarlo, pero que no se sentiría obligado a amarte tanto, que él amaría de verdad al hijo natural que de él había nacido. Esa última parte fue la que escuchaste cuando ibas llegando al comedor. Oíste decirlo de parte de él, pero tu padrastro estaba repitiendo las palabras de su compañero de trabajo, ya que él no pensaba de esa manera.

Pablo dijo: "¿Quiere decir usted que él no pensaba así, que el diablo me ha engañado todo este tiempo?"

Se puso de pie del lugar donde estábamos sentados y dijo: "Iré de inmediato a llamar a mamá y si esto es así, le juro que hoy mismo llamaré a (mencionó el nombre de su padrastro) y le pediré perdón."

Le contesté: "Hágalo si gusta, Dios no miente."

Fue e hizo la llamada, y le pidió que la mamá le dijera toda la conversación que había tenido con su pareja ese día."

Luego regresó donde yo estaba y me dijo: "Siervito (así me decían en esa institución), hoy mi vida ha cambiado."

Me abrazó y comenzó a llorar como un niño y decía: "¡Cómo el diablo me ha engañado, tanto daño que he hecho, usted no sabe todo lo malo que he hecho, y me he dejado arrastrar a todo tipo de mal! Después de lo que oí ese día, nunca me sentí amado por nadie, ni siquiera por Dios. Usted no me puede entender, me llené de odio contra todo mundo."

Lloró largo rato, hasta el grado en que mojó todo mi hombro con sus lágrimas. Yo solo le consolaba, diciéndole que Dios le amaba tanto que me usó para mostrarle la verdad.

El siguiente sábado me esperó con ansias para contarme lo que había ocurrido, que su mamá había venido con su padrastro, y que este caballero no quería entrar... "pues desconfiaba de mí. Yo salí y le abracé y le pedí perdón. Él no podía creerlo. Le conté de cómo Dios había sacado todo a la luz. Luego él se rió de ver cuál era la razón por la cual yo me había vuelto violento contra él. Decía mi padrastro, que, si él hubiera sabido la razón, me lo hubiera explicado desde hacía años y todo hubiera sido diferente. También me dijo que eso de que Dios le había mostrado la verdad le daba testimonio de la existencia real del Señor, y que deseaba recibir a Jesús en su corazón para tener un Dios verdadero como su amigo."

Me explicó que él le había pedido perdón en persona y que toda la familia había vuelto a la paz. Que sentía como si un gran peso se había ido de su corazón. Se reía y decía: "¡estoy libre, gloria a Dios!"

Todo este relato muestra muchas cosas lindas, tales como las siguientes:

- Dios sana corazones, vidas y familias enteras.
- El odio provoca muchas clases de males y hasta arrastra a personas y familias sanas a vicios y ataduras.
- Dios puede usar a cualquier persona, como por ejemplo a un hombre imperfecto como su servidor.

Caso de joven "el indio de palo"

Este es otro caso parecido al anterior, que muestra la eterna gracia y misericordia que tiene Dios con el ser humano.

Este joven, al que llamaré Felipe, llegó al centro con serios líos de convivencia, ya que casi no se relacionaba con ningún otro compañero. No aceptaba recibir consejería con ningún siervo.

En la capilla de la noche solo se puso de pie con los brazos cruzados en una esquina del salón y vi cómo se volvía a ver para todos lados, no oraba ni decía nada.

Fui a orar por él y esperé a que el Espíritu me dirigiera sobre cómo tenía que hacerlo, mas no me dijo nada en ese momento.

Aclaro que en este centro aprendí a escuchar con mucha atención a la voz del Espíritu Santo, ya que algunas veces, por mi necedad de "discutirle" al Espíritu, las situaciones se me ponían difíciles. Recuerdo que en ese tiempo a este centro iba solo, porque en muchas iglesias sobran voluntarios de nombre, pero no de acción. Cuando había liberaciones, sucedía que todas las personas que llevaba de acompañantes luego no volvían. En total llevé a más veinte personas y todos me dejaron. Solo el Señor es fiel.

Así ocurrió varios sábados y Dios no me guiaba para saber si lo tocaba o no. Oré sobre el asunto para que me revelara el porqué de esa indiferencia en este joven.

Hasta le pregunté al joven si él deseaba estar en este centro y me respondió que claro que sí, solo que no le gustaba la forma en que se ministraba en el centro.

Un día Dios me dijo que ese sábado iba a revelarme todo el asunto, pero en mi casa no me dijo nada. Ese sábado todo transcurrió con normalidad, y fue en la capilla donde Dios hizo toda la diferencia.

Me aproximé para orar por él y esta vez Dios sí me autorizó a que le pusiera un dedo sobre la frente. De inmediato se abrió la imagen en mi mente y puede ver al joven que estaba en apariencia con una joven novia arregostado sobre un muro, era de noche. El Señor me indicó que le dijera al joven todo lo que estaba viendo y vería después.

Le dije al joven que lo estaba viendo con una novia, con una blusa de rayas celeste, con un short de mezclilla, el joven estaba vestido con un pantalón de mezclilla azul, con una camiseta blanca, con tenis azul y le dije la marca.

Luego vi que llegó a donde ellos estaban un hombre con una moto roja, el hombre traía un casco negro cerrado, y a continuación este hombre sacó una escopeta corta y le gritó al joven. Al oír el grito, el joven empujó a la muchacha al lado derecho de donde yo estaba viendo.

Cuando yo iba hablando, fue por este punto que el joven se desplomó sobre el suelo y comenzó a llorar con sollozos.

Volví a ponerle el dedo índice derecho sobre la frente y seguí describiendo lo que veía. Solo podía ver como una película, pero no se escuchaba ningún sonido o voz.

Podía apreciar que los jóvenes discutían de forma acalorada, pues alcanzaba a ver los gestos y sus rostros enardecidos, hasta que el hombre de la moto apuntó al joven, y este cruzó los brazos sobre su cabeza, esperando que el hombre le disparara, y en efecto, le disparó en varias ocasiones, pero las balas pegaban a los lados del resignado joven, pues pude ver los huecos que las varias plomadas hacían en el muro.

El hombre de la moto hizo muchos tiros como a unos cinco a siete metros de distancia, pero ni una bala hirió al joven, y entonces como que volvió el sonido de la escena y pude escuchar la voz del hombre que dijo: "No sé si hiciste algún pacto con el diablo o con Dios, pero las balas no te tocan, así que ya me voy."

Tiró el arma al suelo, aceleró la moto y se fue a gran velocidad, dejando la carabina tirada en el suelo, como que iba bastante asustado.

En la visión el joven se arrodilló allí mismo y rompió a llorar diciendo: "Dios, me has librado de la muerte en este momento, y te juro que te serviré por el resto de mi vida…" Arrodillado y con la cara en el suelo, lloraba en gran manera.

Ahí se me cerró la visión, y ya para este momento el joven estaba llorando a llanto vivo y pidiéndole perdón a Dios por haberse apartado de Sus caminos. El joven decía: "Hoy sé que Tú me amas tanto y que yo no merezco que me ames así."

Quité la mano de su frente y el joven lloró como por unos veinte minutos más, hasta que se tranquilizó.

Luego de la ministración el joven quiso hablarme y contarme todo sobre el asunto. Me dijo: "Siervito, todo lo que usted me describió ocurrió hace tres años atrás..."

E insistió que todo lo que había vivido era real, y que a nadie se lo había dicho jamás, que la única forma de que pudiera haberlo visto era porque Dios me lo había mostrado. Me dijo también de que él había fallado a su promesa y que aun así Dios me había mostrado todo sólo porque el Señor le amaba a pesar de sus errores, que no merecía tanto amor. Lloraba cuando decía todo esto. Pero también me pidió así: "Siervito, ore por mí, desde hoy quiero servirle a mi Señor, Él es demasiado bueno. Solo merece que yo le sirva en lo que Él me diga."

Oré por él y desde ese día su actitud cambió, se le notaba alegría y hasta llegó a servir en ese centro en el área de la música. Hoy no sé dónde estará este joven, pero esto muestra que Dios es muy bueno para con nosotros.

Caso del joven "puñales en los pies"

Reitero que Dios me usó como en unas ciento cincuenta liberaciones de cautivos en un lapso de unos ocho años y cinco meses en los que serví en este centro. Puedo decir que aprendía varias cosas, pero todas las liberaciones fueron diferentes, es decir, nunca termina uno de aprender del todo, y en el caso de liberaciones, lo mejor es estar atento a la voz del Santo Espíritu de Dios, porque Él lo guía a uno a la victoria. En todos los casos fue victoria al 100%.

Hacia el año 1995 Dios había hecho varias cosas maravillosas en este centro, desde liberaciones y sanidades hasta consejerías, y la gente estaba poniendo mucho la mirada en este inútil servidor y no en mi gran Señor. Eso me preocupó mucho, y hasta pensé en dejar de ministrar en este centro. No lo hice hasta que Dios lo determinó, así que seguí ministrando en las cárceles.

Un día, un hermano menor del director Walter Garro y su esposa me hablaron porque querían recibir consejería, pues su matrimonio no marchaba muy bien. Les expliqué que este servicio era para los jóvenes y no personas ajenas al ministerio, por lo que les recomendé que fueran a la iglesia donde se congregaban y allí hablaran con su pastor.

Por mucho que evadí la situación no logré que ellos se reunieran con la autoridad de su iglesia local, así que acordamos que fueran al centro y allí recibirían unos treinta minutos de consejería cada sábado y veríamos lo que Dios iba a hacer.

Ellos recibieron consejería por dos sábados, mas no avanzamos mucho porque sentí que no eran sinceros al exteriorizar lo que sentían.

Después de estas consejerías pude observar que se quedaban en las capillas del centro y decían que les agradaban las enseñanzas.

El tercer sábado les di la consejería, pero ya les iba a decir que no iba a seguir por la falta de apertura que manifestaban. Ese sábado entraron varios jóvenes nuevos, y lo que sucedía cuando asistían nuevas personas es que se daban liberaciones, ya que estos jóvenes venían de las calles llenos de demonios y problemas diversos.

En efecto, hubo un joven que desde la enseñanza ya manifestaba señales de posesión demoníaca, pues hacía ruidos con su boca y los movimientos en su cara demostraban claramente como un nerviosismo muy notable.

En el momento de la oración este muchacho se manifestó violentamente, y luego entró en un letargo en el que casi no se sentía su respiración. Dios me mostró que había un demonio de muerte en este joven, el cual ya había intentado tres veces que cometiera el suicidio, pero Dios le había librado de que muriera.

En cierto momento el endemoniado habló con voz grotesca y me dijo desafiante: "¿Quieres que te mate? ¡Mira mi fuerza!"

Había un sofá en donde estaban tres jóvenes sentados, y el endemoniado estaba en el suelo boca arriba, pero con su mano izquierda tomó una pata del sofá y lo levantó bien alto, aún con los tres jóvenes sentados. Inmediatamente los tres chicos se tiraron del sofá, muy asustados. Al ver todo esto, lo que hice fue poner mi dedo índice de mi mano derecha sobre el brazo del joven y le dije: "Reduzco a polvo tu fuerza, en el nombre de Jesús."

De inmediato soltó el sofá y entró es ese silencio de nuevo. El Espíritu me indicó que les pidiera a todos los presentes que si alguno tenía miedo, que saliera del salón a sus habitaciones, y que desde ahí oraran por la liberación del joven. Noté que hubo unos dos o tres que salieron del salón, pero el resto del grupo siguió ahí orando y reprendiendo.

Luego el Espíritu dio una instrucción directa: que el espíritu de muerte iba a salir y que la habitación se iba a poner muy fría y de mal olor, pero que no tuvieran miedo, que El Señor estaba ahí a cargo de la liberación. Indicó también que cerraran los ojos en los momentos en que iba a ocurrir eso. Desconozco el porqué de esa instrucción, pero Dios sabe lo que hace. Dije todo esto al pie de la letra, tal como el Espíritu me indicó que hablara.

Creo que todos los del centro obedecieron las instrucciones excepto el esposo del matrimonio que había asistido a consejería unas horas atrás.

Yo di la orden de que ese espíritu de muerte saliera del cuerpo del joven en el nombre de Jesús y en efecto, se comenzó a sentir un frío muy intenso y se desató un mal olor como a barro podrido.

En ese momento yo iba a ordenar que ese espíritu maligno descendiera a prisiones de oscuridad en el abismo, pero escuché un grito o alarido en gran desesperación. Me volví a ver a mis espaldas de dónde venía el grito, y vi que este varón iba volando por los aires, a una altura de más de un metro, y cayó con todo el frente de su cuerpo contra el piso (como dicen en mi país, hizo un clavado de panza). Fue tan duro el golpe que, a pesar de que el piso era de madera, el varón comenzó a gritar: "¡Por favor, ayúdeme... No me mate, le pido perdón por todos mis pecados, pero no permita que me mate. No Señor, no permita que me mate...!"

Pedía auxilio en gran desesperación, y sobre todo gritaba al Señor que no permitiera que lo matara.

Quité las manos del joven al que estaba ministrando e intenté ir a su auxilio, pero de inmediato el Espíritu me habló, con amor, pero con autoridad, y me dijo: "No lo toques, sigue ministrando al joven. Déjalo, es un trato que este varón está recibiendo."

El varón se retorcía en gran dolor, agarrándose los pies hasta las rodillas, y seguía gritando las mismas palabras.

El joven al que yo estaba ministrando quedó libre al ratito, se incorporó con notable alegría y sentí que estaba libre por el poder de Jesús. Se sentó sobre un sillón, así que me aproximé al varón que lloraba en el suelo, pero sin tocarlo. Solo de pie extendí las manos hacia él y reprendí el espíritu de muerte.

En aproximadamente diez minutos el varón se agarraba las piernas y gritaba: "Yo no quiero morir. Perdóname, Señor, por mis pecados."

Luego vi que el varón ya se agarraba las pantorrillas, y por último los pies. Hasta que ya no gritó más de dolor, sino que cambió su hablar, y decía: "Gracias Señor Jesús, por darme la vida, gracias por perdonarme..." Y lloraba como un niño, levantando las manos hacia arriba, clamando desconsoladamente.

Eso ocurrió como por un lapso de unos treinta minutos. Todo este proceso se me hizo eterno, pues no sabía lo que ocurría. Le preguntaba al Espíritu por lo que estaba sucediendo, pero solo me decía: "Observa y no preguntes."

Al terminar la ministración se terminaron de prender las luces y el varón ya estaba sentado en un sillón llorando como si fuera un niño pequeño, dándole gracias a Dios.

Me le arrimé y al verme me abrazó de inmediato, llorando aún más, y por mucho que le hablaba seguía llorando.

Su esposa vino también y lo abrazó, se tranquilizó un poco y lo primero que dijo fue: "Siervito, ¿usted ya sabe lo que me ocurrió?"

Yo le dije: "El Espíritu no me ha dicho nada..."

El varón dijo: "No voy a ocultar nada de mi vida porque el Señor me dio la vida hoy de nuevo. Vea, cuando usted dio la orden de que cerráramos la vista por el demonio que iba a salir del joven, yo no hice caso, y decidí ir cerca de donde usted estaba agachado orando por el joven. Cuando usted dio la orden yo sentí como si un par de puñales se me clavaron en mis pies. Uno en cada pie, una fuerza invisible me levantó por los aires y me tiró contra el piso, pegando mi rostro contra la madera, y no pude sacar ni las manos para evitar el golpe. Yo supe que ese espíritu de muerte había entrado en mi cuerpo por mis pies, y seguía el dolor torturante subiendo poco a poco por mis pies, piernas y seguía subiendo. No le puedo explicar, pero yo sabía que, si ese dolor llegaba a mi corazón, yo moriría, pues estoy en pecado. Fue por eso que le pedía al Señor que me perdonara la vida, que no permitiera que me matara el demonio, porque estoy mal delante de mi Señor.

Volvió a ver a su esposa y llorando le dijo: "Écheme de la casa si quiere, pero tengo que confesarle que le he engañado por bastante tiempo, estoy en adulterio con (y dijo el nombre de la mujer)".

Continuó diciendo: "Yo sé que es tu mejor amiga, pero te hemos estado engañando."

La esposa se puso a llorar y dijo: "¿Cómo pudiste hacerme esto? Sabía que me mentías, pero jamás pensé que era con esa mujer."

Yo intervine y les dije: "Señores, esto deben de resolverlo ante su pastor en consejería."

El varón dijo: "Venga lo que venga no me interesa, no puedo seguir con mi vida doble. Dios me dio otra oportunidad de vida. No ve que, al yo pedirle perdón al Señor, el dolor comenzó a retroceder hasta que salió de mí, y yo le prometí al Señor que iba a confesarlo todo y ya lo dije."

Al hombre le temblaba todo el cuerpo, tanto que parecía una gelatina. Por mucho que le animaba, él seguía repitiendo que había nacido de nuevo esa noche, que Dios le había perdonado la vida.

Ya eran las diez de la noche y teníamos que irnos. Me dijo que me iba a dejar a la parada de Heredia, en el centro de San José. Solo que le temblaba el cuerpo y no podía conducir así, por lo que le pidió por favor a su esposa que condujera ella, ya que él no podía conducir porque estaba muy afectado emocionalmente. La esposa accedió, aduciendo que lo iba a hacer para ayudarme, pero que ella estaba muy afectada por la noticia que había recibido acerca de su infidelidad.

El viaje fue muy silencioso, solo se le oía hablar al varón, que en voz baja agradecía a Dios por haberle dado otra oportunidad. La esposa no decía palabra. Les recomendé que al siguiente día fueran donde el pastor y que trataran de recibir consejería sobre el asunto.

Me bajé del auto y me fui a casa, muy impresionado por todo lo que había ocurrido.

Estimado lector: si estás viviendo una vida doble, no esperes una experiencia así para ponerte a cuentas.

Caso del gobernador de las tinieblas

Este caso fue el que más ha impactado mi vida. Deseo dejar en claro que las tinieblas son muy fuertes para cualquier ser humano, y que si no hemos sido extinguidos ha sido sólo por la amorosa y todopoderosa gracia de Dios que nos protege.

Esto ocurrió como en el año 1994 en este centro de rehabilitación, donde en ese entonces estaba aconsejando a un joven al que llamaré Javier. Era de unos 25 años, un poco grueso, musculoso, tez de piel clara y un poco introvertido.

En varias tardes de consejería intenté averiguar su pasado, pero él me evadía. Notaba que había algo extraño en su vida, aunque no sabía bien qué era, ya que Dios no me había mostrado nada todavía.

Esa noche se hizo la capilla y todo transcurrió con normalidad, excepto a la hora de la oración, cuando ocurrió algo diferente. Javier comenzó a pegar ronquidos fuertes y extraños. Le pregunté al Espíritu sobre lo que ocurría con el joven y Él me guió a orar por Javier, pero me indicó que se estaba manifestando un demonio de alto rango en él, que solo le pusiera el dedo índice de la mano derecha en la frente y que esperara la reacción. Lo hice como me guió el Señor y de inmediato Javier pegó un grito grotesco y dijo: "No me toque, él es mío."

De inmediato comenzó la batalla de liberación, donde uno sigue ciertos pasos acostumbrados tales como cubrirse con la sangre de Cristo, reprender al espíritu maligno y hacer que baje de la mente para poder hablar con la persona, que esta renuncie a todo pecado oculto, que perdone, que renuncie a algún pacto o actividad que les ligue a las tinieblas, etc.

Hice todo esto, pero los demonios subían constantemente a la mente e impedían que el joven renunciara, ya que si la persona renuncia es más fácil la liberación, porque cuando la persona se arrepiente y acepta a Jesús, los demonios ya no tienen derechos sobre la persona y tienen que retirarse.

Noté que en este joven había mucha renuencia y los demonios eran bastante agresivos. Ellos querían que sacara mi mano de la frente, y hasta me tomaban la mano para retirarla, a lo que con autoridad no se los permitía. La batalla se prolongó como por unos veinte minutos, y eso me molestó, la renuencia del demonio para no salir.

Ese "hombre fuerte", el demonio jefe de los demás, no salía, así que pedí ayuda a la guía del Espíritu, y le pregunté por qué este demonio no se identificaba y no salía. De inmediato el Señor me indicó que había un pacto en su brazo izquierdo, sobre un inmundo tatuaje.

Cometí el error de decirle al joven lo que el Espíritu me había revelado sobre el pacto que tenía en el brazo, así que se lo tapó con su otra mano y decía: "Él es mío, y Javier ya hizo un pacto de sangre conmigo..."

Lo até y le ordené que saliera en el nombre de Jesús. El joven se quedó un poco quieto, luego se sacudió en el suelo y creí que ya estaba libre.

Pero comenzó a hablar en lenguas extrañas y yo creí que hablaba en el don de lenguas. Confieso mi ignorancia. De inmediato el Espíritu habló a mi mente y me dijo: "Prohíbele hablar en esas lenguas."

Aprovecho para dejar ver mi ignorancia y necedad. Como consejo a para usted, estimado lector, tome mi recomendación si no quiere problemas grandes. Nunca contradiga o trate de imponer su opinión a nada de lo que el Espíritu Santo le diga o le guíe a hacer. Él es infinitamente más sabio que toda la raza humana junta y nunca se equivoca, por lo que obedézcale de inmediato en todo y siempre sujétese.

Yo le contesté: "Pero Señor, el joven está hablando en lenguas y se parecen a algunas que se usan en la iglesia. ¿Acaso no es que está bajo el don de lenguas?"

El Santo Espíritu me repitió: "Prohíbele hablar en esas lenguas."

Podría negarlo o mencionarlo y nadie lo sabría; pero he jurado decir la verdad en todo el libro. Le debatí de nuevo: "Vea Señor, ya él parece que quedó libre y ahora está hablando lenguas parecidas a las que usan en algunas iglesias. ¿Acaso no es que está bajo el don de lenguas?"

El Espíritu Santo me repitió: "Prohíbele hablar en esas lenguas." Y agregó: "Te lo estoy ordenando."

Su voz fue como más fuerte y con autoridad, y ahí sí entendí que eran lenguas demoniacas. Entonces dije: "Te prohíbo hablar en lenguas."

De inmediato cesó su hablar y volvió el demonio a reclamarlo. El Señor me indicó que pusiera la palma de mi mano derecha vuelta hacia fuera, pero sobre el brazo izquierdo, y vi en visión que venía de arriba como un tornado delgado de color marrón hacia el tatuaje. Ese tornado tocó la palma de mi mano, rebotó de nuevo para arriba y se fue. Reprendí a ese demonio que quiso entrar en el joven.

Tomé autoridad, ordené que quitara su mano del tatuaje y puse el dedo índice de mi mano derecha sobre el tatuaje. El demonio gritaba: "¡Me está quemando, por favor no me haga daño!" Entonces contesté: "Seguiré haciendo esto hasta que usted salga de este cuerpo, se lo ordeno en el nombre de Jesús."

Bajé al demonio jefe, el joven aceptó a Jesús y accedió a que el Señor le libertara. Lo demás fue más fácil.

El demonio suplicaba que le permitiera entrar en el cuerpo de una prostituta. Se lo prohibí, haciéndole ver que no estaba en posición de exigir ningún derecho. Ordené a que descendiera a prisiones de oscuridad hasta el día del juicio final.

Ya Jesús murió y resucitó. Tenemos toda autoridad en el mundo espiritual. Vea lo que dice la Palabra:

"He aquí os doy potestad de hollar serpientes y escorpiones, y sobre toda fuerza del enemigo, y nada os dañará." Lucas 10:19

"Y todo lo que pidiereis al Padre en mi nombre, lo haré, para que el Padre sea glorificado en el Hijo. Si algo pidiereis en mi nombre, yo lo haré." Juan 14:13-14

Estos son pasajes sin límite, dándonos autoridad en todo y también una especie de cheque en blanco, donde podemos mandar a demonios a la prisión del abismo para que no dañen más a los seres humanos.

El joven quedó libre y cambió de forma alarmante, se le notaba una paz inmensa y una alegría sin límites, de tal manera que con su sonrisa hasta lloraba de felicidad.

Me tomó aparte y me contó que él y otro joven habían ido una noche del 31 de octubre del año anterior a un cementerio de Desamparados. En ese lugar y con instrucción del otro joven, invocaron a unos demonios, ya que el otro sabía mucho de hechicería, hasta que un demonio bajó visiblemente en la madrugada. El joven me contó que este demonio había hecho un pacto con ellos, y que habían sacrificado a unos animales, bebido sangre y habían hecho un pacto con el tatuaje del brazo izquierdo.

Este tatuaje mostraba una calavera con ojos rojos, y tenía una daga que la atravesaba, y al salir su punta por el otro lado se veía que caían tres gotas de sangre. La empuñadura de la daga era una serpiente en forma de cruceta.

Después que hablamos oré por el tatuaje cancelando todo derecho en el nombre de Jesús. Todo sucedió tan bien que salí del centro con gran gozo por la victoria que Jesús nos había dado. Recuerdo que oré protegiendo la entrada al centro de rehabilitación para que no entrara ningún otro demonio de esa clase a ese recinto.

Crucé la calle y me paré a esperar el autobús de "Patarrá". Ya eran como las diez de la noche.

Luego levanté mi vista al centro y vi algo extraño. Parecía que un ser parecido al personaje de superhéroes conocido como "Flash" daba vueltas alrededor del centro, de izquierda a derecha, de tal forma que solo se veía como un viento o tornado de unos tres metros de altura, y giraba con tal velocidad que no se lograba distinguir algún cuerpo, sino esa especie de viento.

Me sorprendí en gran manera y pasaron varios pensamientos por mi mente. Llegué a pensar que tenía algo en los ojos que hacía que vea ese movimiento donde en realidad no lo había. Bajé la mirada, me quité los anteojos, saqué mi pañuelo, limpié los cristales, froté mis ojos, me volví a poner los anteojos y pensé: "Cuando vuelva a ver descubriré que no hay nada ahí."

Mi sorpresa creció aún más, pues todo giraba igual. Con gran susto pensé otras cosas y pensé que definitivamente tenía algo estorbando en mis ojos, por lo que con cuidado volví la mirada a la luna, pero noté que en ella nada se movía, así que luego volví a ver un auto que pasaba y no noté nada extraño. Volví a razonar: "Nada de esto está pasando. Eso de ver velocidades extraordinarias sólo ocurre en las películas, pero jamás en el mundo real."

Volví a ver al edificio y eso seguía girando a altísima velocidad, lo que me produjo mucho más miedo, y pensamientos preocupantes vinieron a mi mente. Luego se me ocurrió: "Tal vez yo estaba en un sueño y creía que estaba en el Teen Challenge, y lo que estaba viendo no era real."

Se me ocurrió quitar la mirada y pellizcarme el brazo derecho para despertar. Ya en este momento mi cuerpo temblaba de forma notable, no tenía sólo miedo, sino también terror.

Como siempre, el preciosísimo Espíritu Santo está a nuestro favor, Él comenzó a repetir como en forma audible, pero en mi corazón, ese versículo bíblico del libro de Juan:

"Si algo pidiereis en mi nombre, yo lo haré." Juan 14:14

Mi corazón se iba llenando de una fe sobrenatural, de tal forma que no puedo explicarlo, pero yo sabía al cien por ciento que, si yo pedía que el planeta tierra se partiera en dos, ocurriría, y podría pedir cualquier cosa y con solo decirlo, sucedería. Sentí en plenitud que el Espíritu Santo tomó control absoluto de mi persona, de tal manera que Él no haría nada que no fuera Su perfecta voluntad.

Ya en este momento comencé a hablarle al Señor, diciéndole: "Padre, yo nunca me he enfrentado a una situación así, ¿qué debo hacer?"

Levanté la mirada y me di otro pellizco, esta vez en mi mano, pero todo siguió igual, porque todavía seguía viendo eso girando alrededor del edificio.

Quise salir corriendo, pero las piernas no me respondieron, quise como despegar una pierna del suelo y no pude levantarla. Mi cuerpo temblaba como una gelatina, el resto del cuerpo casi se me paralizó, sentía como si una nube de maldad y odio me envolviera y se cerniera sobre mí. Pero el Espíritu Santo seguía repitiendo sin cesar ese mismo versículo poderosamente.

Luego me salió la voz con dificultad y pregunté: "¿Qué es eso?"

Ni bien hube hablado, al instante ese destello como de viento se detuvo en un santiamén sobre una cancha de básquet y recién allí pude ver a ese ser espantoso.

Tenía como unos dos metros y medio de altura, estaba de pie y de perfil desde donde yo estaba viéndole. Tenía cuerpo humano, piernas, brazos, orejas largas y puntiagudas como si fueran de un perro de la raza "dóberman", tenía uñas negras y puntiagudas, como de unos 5 centímetros de largo, y las hacía sonar como chocándolas entre sí.

Estaba desnudo, en su cintura y en las partes nobles tenía como un taparrabo de pelo largo. Sus piernas eran gruesas y en lugar de pies tenía pezuñas como las de una vaca. Todo el cuerpo estaba de perfil, pero la cabeza la tenía vuelta hacia el centro, en dirección opuesta a donde me encontraba, de tal forma que solo le veía la parte de atrás de la cabeza.

De este ser se sentía que salía gran maldad y odio mortal hacia mí. De inmediato pregunté: "¿Quién es él?"

El Espíritu me contestó: "Es un gobernador de las tinieblas y está aquí porque Javier lo llamó en lenguas."

El Espíritu me trajo a la mente la imagen del recuerdo donde Javier estaba hablando en lenguas y el Señor me ordenaba que le callara, pero yo por terco le debatí unos segundos, y por eso tuvo tiempo de hacer la invocación con el fin de llamar al demonio del siguiente rango del que estaba en el cuerpo. Dicho de otra forma, el demonio del cuerpo llamó a su superior para que le ayudara en la batalla, y lo llamó mediante lenguas. Ahora ese gobernador estaba ahí, respondiendo al llamado de su subalterno.

El Espíritu me explicó del por qué la prohibición, del cuidado que hay que tener con las personas que hablan en lenguas en público en las iglesias, ya que algunos satanistas hablaban también en lenguas para maldecir a la gente, invocar demonios y hacen mucho daño. En las iglesias se ha de tener cuidado y dirección del Espíritu, caso contrario es conveniente que no se hable en lenguas en público y a voz en cuello en las iglesias.

El Espíritu seguía dándome fuerzas y aliento con esta palabra:

"*Si algo pidiereis en mi nombre, yo lo haré.*" Juan 14:14

Claro que en mi interior yo deseaba salir corriendo de ahí, y le decía al Señor: "Padre, te suplico que me enseñes qué hacer y cómo hacerlo, ya que nunca me he enfrentado a una situación así o a un ser de este rango corpóreo." Luego dije: "Pero, ¿qué es esa bestia?"

Otro error garrafal que cometí, donde no debemos preguntar lo que no es de nuestro interés. El demonio como que escuchaba mis palabras y sabía que yo le estaba viendo. De inmediato volvió su cara y mirada hacia donde yo estaba. Sus ojos miraron mis ojos, y era como si un dardo de pura maldad impactara de lleno contra mi vida.

Les voy a describir su cara. Tenía una trompa como la de un cerdo, pero le salían colmillos de abajo hacia arriba y de arriba hacia abajo, de tal forma que se les salían del hocico como por unas 2 pulgadas en ambos lados. Sus ojos eran como dos chispas de luz roja, parecían pequeños bombillos. En su frente le salía un pelaje rojizo largo y erizado como los de un cerdo salvaje. Sus orejas eran altas y puntiagudas como las de un perro con orejas cortadas. De su rostro emanaba mucha maldad, odio, malicia, burla y todo tipo de mal.

Al ver su rostro me di cuenta de que este ser podría matarme muy fácilmente. Tenía una inmensa velocidad, superior a cualquier ser vivo, y poseía garras y colmillos asesinos. Pero no podía hacerme ningún daño porque el Espíritu lo tenía paralizado, solo por la misericordia y gracia de mi Señor.

De inmediato le pregunté al Señor: "¿Por qué no se va?"

El Espíritu Santo me respondió: "Tú todavía no le has dado órdenes...

Le pregunté: "¿Órdenes? ¿Acaso puedo darle las órdenes que yo quiera y este demonio de alto rango me va a obedecer?"

El Espíritu me trajo a la memoria el texto del evangelio de Lucas:

*"He aquí os doy potestad de hollar serpientes y escorpiones, y sobre **toda fuerza del enemigo**, y nada os dañará."* Lucas 10:19

He subrayado donde dice "toda fuerza del enemigo", porque entiendo que significa un poder ilimitado. Entonces me llené de ánimo y fuerza, y pensé que lo mejor era enviar a este demonio maligno al abismo y quitarlo de la faz de la tierra para que no hiciera más mal a ningún ser humano hasta la Gran Tribulación, cuando serán soltados.

Así que ahí mismo ordené: "Gobernador de las tinieblas, escucha: te mando en el nombre de Jesús que desciendas ahora mismo a prisiones de oscuridad del abismo hasta el día del juicio final. Te lo mando, ¡desciende ahora mismo!"

No quiero entrar en asuntos doctrinales, solo describo y cuento lo que ocurrió: el demonio comenzó como a marchar, sin quitar su mirada fija hacia mí, y noté cómo sus pies comenzaron a meterse entre la tierra, y con claro disgusto seguía hundiéndose en la tierra. Cuando llegó a la altura de su pecho, el demonio luchaba para no seguir hundiéndose, pero dije: "Te mando a que desciendas, en el nombre de Jesús."

El demonio rasguñaba el suelo y gruñía, hasta que se sepultó totalmente en la tierra.

El Santo Espíritu no cesaba de fortalecerme con la Palabra del texto bíblico ya indicado, solo que cuando el demonio desapareció de mi vista pasó algo que jamás hubiera imaginado que el Espíritu Santo podría hacer. Aclaro que hay veces en las que el Señor hace cosas impensadas, pero aun así creo firmemente que Él sabe lo que hace, con el propósito de enseñarnos cosas que debemos de tener presente.

Conjeturo que lo hizo porque en cierta forma me había sentido muy fuerte cuando enfrenté a los demonios en la liberación que ocurrió en el centro donde había ministrado, y me dejó claro que solo somos muy fuertes por la sublime gracia y el poder de Su gloriosa mano.

Sentí como si el Espíritu Santo me hubiera quitado esa fuerte protección sobrenatural que emanaba de Él. Pude sentir cómo Su santa mano se quitó de sobre mí y quedó este cobarde que les escribe. Sentí un fuertísimo terror, no miedo, pero sentí que me moría, y que ese demonio me iba a jalar de los pies, que me iba a llevar a la prisión de oscuridad junto con él.

Entonces sentí que el cuerpo comenzó a responderme, y empecé a correr por en medio de la carretera a gritos, diciendo: "¡Alguien que me ayude, por favor!"

Es simple, solo esperaba tirármele a cualquier vehículo que pasara para que me pudiera sacar de ese lugar.

Pero Dios hizo que en ese momento viniera para San José el bus de Patarrá, así que corrí como pude hacia el frente del vehículo, gritando: "¡Por favor, abra la puerta, auxilio, ayúdeme!"

El chofer abrió la puerta de atrás y paró el bus para que pudiera abordarlo. Me tiré hacia adentro del autobús y me arrodillé en el asiento de atrás, y llorando le decía al Señor: "Padre, ayúdame, no permitas que ese demonio me haga daño."

Largo rato oré y lloré en el asiento de atrás, hasta que el chofer me pidió que pasara adelante para pagarle el pasaje; pero no me encontraba en condiciones de ponerme en pie, así que le pedí que me esperara, y que luego se lo pagaría.

Al llegar al centro de San José tomé más valor y como pude me trasladé hasta donde estaba el chofer y le pagué el pasaje. Él me preguntó: "Caballero, ¿le hicieron algo... lo asaltaron?"

Le contesté: "No, algo peor, me enfrenté a un demonio físicamente, era un gobernador de las tinieblas."

Me miró con mucho asombro y me dijo: "Dios te protegió, porque veo que estás aquí..."

Le contesté: "Sí, Dios es muy bueno..."

Cuando llegué a la parada de la ciudad casi corrí de esa parada a la de Heredia, pues todavía tenía mucho temor, y momentos después tomé el otro bus que me llevó a mi casa.

Cuando llegué a mi habitación oré un buen rato y estuve repasando en mi mente todo lo que me había ocurrido. El rostro de ese ser maligno no se me borraba de la mente. Agradecí al Señor por Su protección y pedí perdón por haberme creído muy "valiente" en liberaciones pasadas. Reconocí que somos fuertes solo por Su poder y gracia que reposa en nosotros.

No somos rivales ante ninguna fuerza de las tinieblas en nuestra humanidad, solo podemos enfrentar al enemigo en Su poder y misericordia.

5. Experiencias durante las Misiones a Centroamérica

Ángeles cantando el salmo 121

En todas las visitas a los países de Centroamérica en las que tuve oportunidad de participar, ya sea en misiones de evangelización, haciendo campañas, visitando cárceles, auspicios de huérfanos o al visitar hogares de ancianos, siempre nos han recibido de una forma especial, en cierta forma inmerecida, ya que toda la honra y la gloria pertenecen a Dios y no a nosotros, ya que solo somos Sus servidores. Sin embargo, toda la gente se ha esmerado en darnos lo mejor, hasta sus propias camas para que uno duerma cómodo, la mejor comida que tienen, y siempre nos han puesto en primer lugar. De Dios tendrán su recompensa.

El primer viaje a Panamá fue como en el año 2005, a la región de Colón, en la Costa Abajo, en un pueblecito llamado "Quebrada León". Iba acompañado de dos misioneras, de quienes voy a omitir sus nombres por respeto a mis compañeras de misiones. Sí recuerdo que una jovencita era del cantón de Naranjo, de la Provincia de Alajuela de mi país. La otra misionera era una señora de edad madura del cantón de Turrialba, de la provincia de Cartago, al Este de mi país.

Las dos misioneras eran muy activas y trabajadoras. Sin embargo, comenzaron a suceder cosas extrañas que en su momento no se me informaron, siendo yo el coordinador del grupo.

No fue sino hasta la noche del cuarto día cuando Dios actuó en mi persona mediante una experiencia que no sé cómo llamarle, porque era una mezcla de lo real con lo espiritual, ya que se oía el sonido del entorno de la casa de don Benito, donde estaba hospedado en forma muy especial.

Como a eso de las tres de la mañana, me desperté y salí afuera al servicio, luego regresé a la camita que me habían dado, con mucho cuidado de no pisar a los hermanos que nos hospedaban, ya que ellos dormían en el piso, así son de especiales.

Al acostarme comenzó a suceder algo muy extraño, pues oía todo lo que sucedía alrededor, como los ladridos de los perros y los gallos cantando al amanecer. Pero comencé a ver cosas en mi mente. Aclaro que al inicio traté de hacer algo para poder despertarme, más no lo logré, ya que se sentía muy extraño el estar viendo cosas en ese estado intermedio entre el mundo real y el espiritual.

Estaba viendo una especie de batalla de seres espirituales con espadas que era similar a una lucha de ángeles contra demonios, pero los observaba desde la cúspide de un cerro de poca altura. Luego los seres demoníacos huyeron. Enfrente de donde yo estaba había otro cerro más alto del que yo me encontraba.

El cerro en el que yo estaba tenía como unos cien metros de alto, y el de enfrente era como de cuatrocientos metros. La batalla se dio entre los dos cerros, y la distancia entre ambas montañas era como de unos tres kilómetros. Arriba del cerro de enfrente comenzaron a salir como unos rayos de luz que iluminaban cada vez más el valle, hasta que se hizo de día, pero sin sol.

De donde venía esa luz comenzó a sonar una música tan bonita que me provocaba alabar a Dios, así que comencé a bajar por las faldas del cerro hasta llegar al valle. Vi que todos habían desaparecido y había un pasto suave y verde como, si fuera tierno.

De ese cerro se comenzó a escuchar a un grupo de seres que cantaban con mucha fuerza, con deseo y al son de esa música preciosa. La letra que cantaban era la del salmo 121:

"Alzaré mis ojos a los montes;
¿De dónde vendrá mi socorro?
Mi socorro viene de Jehová,
Que hizo los cielos y la tierra.
No dará tu pie al resbaladero,
Ni se dormirá el que te guarda.
He aquí, no se adormecerá ni dormirá
El que guarda a Israel.

Jehová es tu guardador;
Jehová es tu sombra a tu mano derecha.
El sol no te fatigará de día,
Ni la luna de noche.
Jehová te guardará de todo mal;
El guardará tu alma.
Jehová guardará tu salida y tu entrada
Desde ahora y para siempre." Salmos 121

Comencé a cantarlo junto con ellos, pero a todo pulmón, gritaba ese salmo porque me salía del alma una gran alegría indescriptible. Me puse a correr sobre el valle, hacia el lado derecho. Entonces le pregunté a Dios del porqué de esa música tan preciosa, y el Señor me dijo: "Los ángeles tocan música y cantan para mí."

Yo le contesté: "Eso es precioso... pero ¿por qué me lo presentas a mí?"

El Señor me dijo: "Yo ya desplegué mi ejército sobre la región donde te encuentras, da la orden y ellos actuarán para aplastar los ataques del mal. Úsalos en el nombre de Jesús."

Terminé de cantar el salmo, desperté como a eso de las cinco de la mañana y estaba llorando al sentir Su linda presencia.

El señor Benito pudo escuchar lo que yo estaba cantando y me dijo que se oía muy bien. Me reí y me puse en el piso a orar. Oré un rato y volví a la cama.

A las 7:30 de la mañana ya estábamos reunidos en un devocional con el pastor Amado, que era el coordinador de esa zona. En el devocional quise compartir lo que me había ocurrido en la madrugada, cuando de pronto las compañeras empezaron a llorar. Yo no entendía nada, así que les pregunté por qué lloraban, y una de ellas me dijo: "Es que usted no sabe lo difícil que es esta misión, hemos estado pasando situaciones muy difíciles."

De inmediato pregunté: "¿A cuáles situaciones se refieren?"

La jovencita de Naranjo tomó la palabra y comenzó su relato: "Yo he tenido muy feas pesadillas, demonios que me quieren matar, y por todo mi cuerpo me ha salido un brote de ronchas en la piel que me pican muchísimo todo el día, he tenido depresiones horribles."

La otra misionera interrumpió y nos dijo: "Yo he tenido igual situación, solo que mis pesadillas tienen que ver con que asesinan a mi hija menor, que mi casa se incendia, y también tengo ese brote en todo el cuerpo. He llamado a Costa Rica y he comprobado que nada malo ha sucedido, pero las pesadillas continúan todas las noches, desde que llegamos no puedo dormir por temor a que me vengan esos sueños horribles."

El pastor Amado pidió la palabra y explicó: "Estas situaciones han estado sucediendo también en el grupo que está en el pueblo de Río Indio, y también sobre el río en el grupo de misioneros de Buenaventura. En estos lugares han estado desapareciendo misteriosamente la ropa interior de las misioneras y se escuchan ruidos extraños sobre el techo que no las deja dormir. Han tenido ese mismo brote en todo el cuerpo y hablan de pesadillas cuando duermen."

Yo indiqué: "Yo no sabía nada de lo que está ocurriendo; pero creo que si nuestro Gran Dios dijo que Él ya desplegó su ejército en este lugar y que lo usemos en el nombre de Jesús, eso es lo que debemos hacer. Yo confieso que Dios me ha protegido en todo esto y no sabía nada. Actuemos ya en oración, atando todo ataque de las tinieblas. Jesús ya venció, tomemos esa victoria."

Nos pusimos de pie, nos tomamos de las manos y entendí que ese sueño había venido para contraatacar las maquinaciones del enemigo. Oré atando y destruyendo todo ataque que estaba dándose a los misioneros que estábamos sirviendo en ese lugar.

Las misioneras usaron tanta fe que al instante sintieron que la picazón ya había cesado y se sintieron en paz.

Durante ese día les recordaba lo que había visto en el sueño, que los ángeles ya habían vencido con el poder del Señor, así que solo era cuestión de tomar la victoria.

En la noche no ocurrió nada anormal y pudieron descansar normalmente, para la gloria de Dios.

A la mañana siguiente recibimos buenos testimonios de lo que Dios había hecho en ese lugar.

Al medio día, de camino al campamento y después de visitar un pueblo retirado, el pastor Amado se me acercó y me propuso ir en la noche a ministrar a Río Indio para orar por el grupo de misioneros que estaba allí, ya que estaban muy afectados por todo lo que había ocurrido en los días anteriores. Me contó que a un pastor de El Salvador le había explotado la pantalla de su teléfono ante sus ojos, sin que nadie lo tocara. Relataba el pastor Amado que el grupo hablaba de abortar la misión y regresarse cada uno a sus países de origen.

A lo que le contesté que yo servía donde me dijeran, y que si me llevaba a Río Indio era decisión de él. El siervo me indicó que haríamos un cambio: el misionero que ministraba la Palabra en Río Indio cambiaría conmigo por esa noche.

En la tarde caminamos por la montaña, de regreso a un pueblo llamado Icacal, y ahí tomamos un bus que me llevó al pueblo llamado Río Indio. Llegué, oré por el grupo, y de igual forma Dios se glorificó trayendo paz y sanidad instantánea. Esa noche prediqué, varios se reconciliaron con Dios y también otros recibieron a Cristo como su Salvador.

La sorpresa mayor se dio al amanecer del día siguiente, ya que toda la ropa que había desaparecido estaba amontonada en la puerta de la casa donde nos hospedábamos. No faltó ni una prenda. Cristo nos dio la victoria.

Aclaro que según versiones de la gente que vive en esta región, muchas personas de estos lugares practican la magia negra mediante la secta satánica llamada "vudú".

Esta es una experiencia que nos enseña que Dios siempre nos cuida y todo lo tiene bajo Su control.

Visión de la cascada de ángeles dorados

En enero del año 2008 viajé a la República de Honduras para participar en misiones de evangelización. Fui al departamento de Olancho, a la ciudad capital de este departamento llamada Juticalpa. Dios hizo mucha conversiones, sanidades y milagros en diversas situaciones, y todo transcurría con bendición de lo alto.

Recuerdo que la última noche de la campaña había mucha gente, de tal forma que no cabían en el templo, había personas hasta en autos y camionetas afuera, así que se dispuso un parlante en la parte de afuera para que la gente escuchara el mensaje.

Durante la predicación Dios mostró Su misericordia e hizo muchos milagros y todo tipo de bien. Pero en la oración final Dios trajo una visión a mi mente. Vi que se abría como una pantalla en mi cabeza y pude observar unas nubes blancas preciosas en un cielo azul claro. De esas nubes salía como un río dorado, se veía a lo lejos como una catarata de agua, pero era color del oro, resplandeciente.

Cuando vi eso le pregunté al Señor: "Señor, ¿en el cielo hay agua dorada o de oro?"

Sentí como que el Señor se rió del chiste que dije y me contestó: "¿De verdad quieres ver lo que es esa cascada?"

Yo de inmediato contesté: "Entonces no es agua, pero ¿qué es eso dorado que se mueve?"

Mi visión fue transportada en el aire hacia esas nubes y pude ver que eran ángeles con corazas, escudos y espadas doradas, del color del oro, solo que eran muy brillantes. Me impactó que las alas de ellos eran blancas, pero lo demás, sus armaduras e implementos, eran dorados. Eran seres corpulentos y altos, como de unos dos metros de alto. De la cascada caían al suelo en filas perfectas, y los de la tierra caminaban en una armonía asombrosa.

Luego vi que me encontraba en un parque de Juticalpa, y noté que caían como relámpagos o rayos dorados en cada esquina de cada cuadra de la ciudad, y que luego del destello aparecían dos de estos ángeles dorados colocados como militares, con sus espadas desenvainadas y en posición de guerra.

Al ver esto también pude observar que desde arriba aparecían como unos pequeños hilos dorados en diferentes direcciones. Al ver esto por un rato le pregunté al Señor: "¿Este es ejército tuyo?, porque yo he visto ángeles con armaduras plateadas, no doradas…"

El Señor me contestó: "Existen diversos tipos de ejércitos celestiales para diferentes funciones, estos son ejércitos especiales para detener un intento del mal de destruir esta nación. No voy a permitir esta guerra que quiere surgir en Honduras. Dilo por el micrófono."

Al oír esto dije por el micrófono todo lo que había visto, y que levantáramos un clamor por misericordia para Honduras. Sentí dolor por esta preciosa nación. (Este país me ha atendido de una manera muy especial, y de Dios tendrán su recompensa).

Cuando vi varias ciudades que iban siendo tomadas por este ejército, hubo regocijo en mi corazón por lo que Dios iba a hacer.

Luego el Señor me dijo: "Pasarán dos años y no vendrás durante este tiempo a este país, pues voy a tratar con ellos. Díselos."

Así lo hice. Y al terminar el culto ellos lloraron mucho conmigo y hasta el pastor me preguntó sobre el asunto, se lo expliqué, pero que no tuvieran temor, pues Dios ya había tomado control de Honduras.

Salí al día siguiente sin entender lo que iba a ocurrir en Honduras, pero tiempo después, en febrero del 2009, en este país ocurrió un golpe de estado, donde tomaron al presidente de esa época y lo fueron a dejar al aeropuerto de mi país, en piyamas y sandalias, parado en la pista del aeropuerto Juan Santamaría.

Luego todos sabemos que este señor intentó regresar al poder y quiso hacer guerra para lograrlo, mas siento que fue Dios que con sus ángeles guardaron a este lindo país y no se produjo esa guerra civil.

El sueño de un viaje en la selva

A este sueño lo leí en un libro que por ahora no recuerdo su título, pero aunque parezca extraño, tuve un sueño igual a lo que leí. Dicho de otra forma, viví en un sueño lo que leí en ese libro.

¿Por qué viví lo que leí en ese texto? Hasta el día de hoy desconozco la razón, pero como lo dije con anterioridad al principio de este texto, aquí escribo solo la **verdad**. Aclaro que en algunas ocasiones tal vez mis descripciones queden muy superfluas o escasas, pero eso se debe a que, a la hora de describir cosas complejas, siempre faltan palabras. Todo está claro en mi cabeza, pero no así cuando tengo que ponerlo en palabras. Aun así, me esfuerzo en ser lo más claro posible.

Recuerdo haber participado en "Cruzadas Internacionales" en países centroamericanos, desde Guatemala hasta Panamá, empezando desde el año 2003 a la fecha.

Este sueño lo tuve en la República de Panamá entre el año 2008 o el 2009, no recuerdo la fecha exacta.

Soñé que me encontraba en un camino de tierra ubicado en un bosque pequeño, como en el campo, y pude ver que también había potreros alrededor. Pasé por un riachuelo, donde tomé agua fresca y muy limpia. Eran como las diez de la mañana. Y luego me puse a pensar para dónde iba, por lo que decía para mis adentros: "Aquí en Brasil no sé a qué hora va a oscurecer, así que debo darme prisa para llegar a ese pueblo indígena." Y seguí camino pidiéndole al Señor que me cuidara de animales silvestres y que Él ministrara a la gente que tuviera la oportunidad de evangelizar." Era como si estuviera en esas Cruzadas Internacionales y me hubieran asignado a un pueblo indígena.

Al caminar por una vuelta del camino vi a un joven como de 25 años, de piel trigueña, bien parecido, alto, pero vestido con ropa de la antigüedad, como de la edad media, con una espada en la cintura y guantes en sus manos. Me saludó muy amablemente y me preguntó para dónde iba, así que le contesté que iba para un pueblo indígena que estaba después de un puente de hamaca muy largo, pero que en realidad yo no lo conocía, la señal de que estaría cerca sería ese puente de hamaca.

Se sonrió y me indicó que también él iba a ese mismo pueblo y que tenía una misión con ellos. Me reí muy fuerte y le comenté lo bueno de tener compañía en ese lugar, porque yo no sabía dónde quedaba el pueblo. El joven contestó que podríamos viajar juntos y disfrutar de la mutua compañía.

Seguimos caminando por ese camino y al pasar por un puente ancho de madera, sobre un río torrentoso, vi que ya era bastante tarde. En lo alto de una loma había una casa pintada muy bonita, de la que salió una señora y un niño delgadito, como de diez años, nos saludó y nos dijo que el pueblo próximo quedaba a varios kilómetros, y que llegaríamos allá de noche. A continuación, preguntó si deseábamos pasar la noche en su casa.

Yo iba a responder que no, pero el joven que me acompañaba se adelantó y dijo que sí y gracias. Pasamos adentro de la casa y vi que no había electricidad, y que almacenaba el agua en tinajas de barro. Nos sirvió un plato de una crema blanca y un trozo de pan grueso.

Todo tenía buen sabor. Hizo unos comentarios muy extraños, de que ella era una viuda muy pobre y que del esposo solo le había quedado la pequeña finca donde vivía, que tenía una vaca lechera y que de ella tenía su sustento, que iba a vender la leche al pueblo todos los días y que de eso compraban lo que necesitaban. Me dio un poco de lástima su historia, pero yo la animé diciéndole que Dios los bendeciría de alguna forma, que solo tuvieran fe.

Luego nos dijo que había un cuarto con dos camas, y que ahí podríamos pasar la noche. Entramos al cuarto, me acosté en una cama y el joven en la otra. Por una hendija de las tablas de la pared vi que había afuera un pequeño establo abierto, y allí adentro pude ver una vaca criolla con su cría, de la clase de vacas que dan bastante leche.

Anocheció como muy rápido. Luego parecía como que me había dormido, pero me despertó una discusión entre dos hombres, y entonces vi por la hendija que los gritos provenían del joven que me acompañaba y otro hombre con gorro como de monje antiguo. El joven que me acompañaba decía que eso no lo iba a permitir, y que no lo dejaría pasar a la casa. El otro hombre le dijo que entonces mataría a la vaca, pues eso sin sangre no iba a terminar. El joven desenvainó la espada y amenazó al hombre diciéndole que eso sí podía hacerlo, pero que no dejaría que entrara a la casa.

Entonces el otro hombre sacó una espada corta y se dirigió al establo, le cortó la cabeza a la vaca, limpió la espada con pasto del suelo y se fue muy enojado.

Yo me asusté al ver todo eso, porque sabía que la vaca era el único sustento de la mujer y su hijo, pero ahora ese hombre extraño se la había matado. Pero lo que más me produjo indignación fue que mi joven compañero, teniendo una espada más grande, haya permitido que a esa señora le mataran la única vaca que tenía. Estuve pensando en esto bastante rato, y así pasó el tiempo.

Luego como que comenzó a amanecer muy rápido. Decidí salir de la casa de forma silenciosa e irme para no ver el gran sufrimiento de la viuda más tarde, cuando se entere de todo lo sucedido. Salí con mucho cuidado y retomé el camino, pasando por un bosque bastante espeso.

Más adelante me alcanzó el mismo joven que me acompañaba, de nuevo me saludó como si no hubiera pasado nada, y me comentó que él conocía todo el camino que teníamos por delante. Me dio un trozo de pan rústico y seguí caminando en silencio, pero con cierto disgusto para con él, así que por mucho que me daba conversación yo solo le contestaba sí o no. Dentro de mí yo pensaba que ese joven había sido cobarde, desconsiderado y mucho más.

Luego bajamos una cuesta y llegamos como a un valle que estaba sembrado de diversos cultivos. Había jóvenes cortando unos ramos de uvas de la viña. Uno de ellos nos dio un ramo a cada uno. Luego llegó un hombre muy bien vestido en un carro tirado por caballos. Nos saludó muy amablemente, nos dijo que él era el dueño de las plantaciones y que él siempre trataba bien a los que pasaban por ese lugar, ya que casi nadie recorría los pequeños senderos de esa zona.

Luego nos preguntó si queríamos almorzar en su castillo, ya que ese día había hecho un rico banquete. Antes que me diera cuenta, el joven que me acompañaba se adelantó y contestó que con mucho gusto aceptaba la invitación, lo cual me pareció otra vez atrevido, ya que sin consultarme contestaba en nombre de los dos. Subimos al carro y recuerdo que pasamos por unas calles de piedras muy bonitas.

Llegamos a una casa grande y muy antigua, hecha también de piedra, que de verdad parecía un castillo, y entramos por una puerta muy grande que daba a un gran salón muy adornado con esculturas y adornos que parecían de bronce y oro.

En el centro del salón había una larga mesa llena de diversas comidas, nos sentamos y en unos instantes comenzaron a servirnos varias clases de carnes, como así también verduras muy adornadas. El joven se sentó a la par mía, en el centro de la mesa, y en la parte de enfrente de nosotros había varias joyas en repisas de la pared, pero sobresalía una gran copa que parecía de oro, con piedras preciosas incrustadas en el centro, la cual tenía como unos treinta centímetros de alto. El joven se quedó viendo la copa fijamente, y por mi mente entró una desconfianza tal que hasta llegué a pensar que tal vez más tarde podría llegar a robarla.

Luego de comer nos subieron a la segunda planta, y nos dijeron que en esas habitaciones dormiríamos esa misma noche. Entré a un cuarto con dos camas que tenían sábanas y almohadas blancas y muy limpias. De nuevo me acosté en la cama y pensé que a ese joven tenía que vigilarlo muy de cerca, pues ya no confiaba en nada de lo que hacía como mi acompañante.

Como que me dormí o cerré los ojos, y desperté sobresaltado cuando oí como que se cayó algo. Volteé a mirar y vi que la cama del joven estaba vacía. ¡El muchacho no estaba durmiendo allí! Me llené de miedo y pensé que tal vez ya andaba robando, así que salí del cuarto sigilosamente, justo para ver que el joven estaba metiendo la copa de oro en un bolso que luego tiró sobre su espalda.

Acto seguido salió del salón con mucho cuidado. Yo también bajé las gradas y me apresuré a salir del castillo, ya que si el dueño me encontraba en la casa me podría hacer daño al enterarse que viajaba con ese cobarde y ladrón.

Corrí por el camino y subí una loma. Ya estaba amaneciendo. Pasé una curva del camino y vi al joven que me estaba esperando. Me sorprendió otra vez al saludarme tan amablemente. Yo con mucho esfuerzo le contesté por amabilidad, pero ya no quería viajar con ese joven. Tomé valor y le dije lo que pensaba: "Ya no quiero que usted viaje conmigo."

El joven me respondió que no sabía por qué yo lo estaba rechazando, y que él había sido siempre muy amable, pero le contesté: "Usted sabe por qué no quiero viajar con usted, tengo mis razones."

Se sonrió como en burla, y me dijo que de todas formas seguiría viajando conmigo. Yo caminaba viendo para abajo y observando el monte al lado de la calle donde yo transitaba. Comencé a acelerar mis pasos, pensando que quizás ya venían detrás de nosotros, y que si le encontraban la copa en el bolso al joven nos meterían a la cárcel a los dos. En mi mente me hacía la siguiente pregunta: "¿cómo me deshago de su compañía?"

Finalmente, y en una cuestita más adelante vi el puente de hamaca largo.

Era como de unos cien metros, un puente de tablas tejidas por mecates y a los lados había un tejido semejante a las lianas, era como de dos metros de ancho y había dos cuerdas muy gruesas a los lados para agarrarse de ahí. Suspiré de alegría al saber que ya iba a llegar a la tribu de indígenas adonde me dirigía, y que ya no tendría que viajar más con ese joven.

Pasamos el puente y cuando íbamos cruzando, el joven me comentó que ese puente les servía a los indígenas para venir a la escuela, y a los niños de la tribu y a los hombres para venir a trabajar en la hacienda de ese buen señor que tan bien nos había atendido, pero yo no le contestaba ni una palabra.

Cuando llegamos al otro lado del puente, cuál fue mi sorpresa al ver que el joven sacó su espada y comenzó a cortar las cuerdas que sostenían el puente. A estas alturas yo estaba muy enojado, así que le dije que por favor se detuviera, que no hiciera ese gran daño. Alcé mi vista y pude ver que del otro lado venían algunos hombres armados con espadas y arcos, queriendo cruzar el puente.

El joven se detuvo, yo lo reprendí en el nombre de Jesús, pero se sonrió y dijo que él era un siervo que Jesús había enviado para hacer Su obra. Yo enojado le contesté que él era un siervo, pero del diablo, no del Señor Jesús. Con todo eso aun así terminó de cortar el puente y este cayó en el precipicio, y los hombres armados que iban a cruzarlo retrocedieron.

Luego guardó la espada y me dijo que él era un ángel. Me enojé todavía más al escuchar el descaro de su afirmación. Yo casi le grité que cómo podía él ser un ángel si no tenía alas, ni luz y que solo le había visto hacer cosas malas.

El joven me dijo: "¿Cuáles cosas malas?"

Asombrado por su pregunta, lo miré y le dije: "Yo vi cuando ese hombre le mató la vaca a esa pobre viuda y usted no hizo nada para impedirlo."

El joven se rio mucho y me dijo: "Usted no entiende, ese hombre que llevaba el gorro sobre su cabeza era un ángel de la muerte que venía a matar al hijo de la viuda. Yo me interpuse en su camino y no permití que lo tocara. Entonces el ángel de la muerte mató la vaca."

Yo le dije que ese era el único sostén de la viuda, y cuestioné por qué no lo había impedido.

Se sonrió y dijo: "Tenga paz. Dios tiene todo bajo control. Con la carne de la vaca la viuda comprará semillas y sembrará diversos cultivos, y recibirá mejor vida que la que tenía. Es más, con las ganancias de esas cosechas podrá construir una casa mejor.

Me quedé no muy satisfecho. Entonces le pregunté: "¿Y cómo explica que usted haya robado la copa de oro del señor que nos atendió tan bien?"

Se sonrió más y sacó la copa de oro que traía en el bolso, y grité: "Hasta descarado es usted..."

Pero él me dijo: "Tenga paz. Vea usted debajo de esta copa y podrá apreciar un sello, el cual le pertenece a un gobernador de toda esta región. El hombre amable le compró unas joyas y esta copa a otro hombre. Cuando los ejércitos del gobernador lleguen a la hacienda y registren y vean la copa en esa casa, matarán a todos, porque creerán que él la robó o la mandó a robar. Yo saqué la copa se su casa para evitarle la muerte a todos.

Le dije que la historia parecía verdad, pues vi que, de verdad, debajo de la copa había un grabado circular.

Ya un poco más calmado le dije: "Bueno, pero esto del puente no tiene explicación, es simple maldad..."

Se rió mucho más y contestó: "Esos hombres armados que viste al otro lado son soldados del gobernador. Corté el puente para que no pasen y no nos hagan daño ni a nosotros ni a la tribu. Pero con el oro de la copa y sus joyas los indígenas construirán un puente mejor y así los niños no correrán peligro. Mira y aprende, Dios hace cosas que ustedes no entienden… pero al final Él siempre hará lo mejor para ustedes."

Al instante el joven se transformó en un ángel con alas y lleno de luz. Se sonrió y me dijo: "Nosotros les protegemos por el gran amor de Dios…"

Sueño del faraón y el leopardo

En uno de los viajes misioneros que realicé a Panamá, en el mes de enero del año 2015, recuerdo que estaba un poco preocupado porque supe de gente que en cruzadas pasadas habían aceptado a Jesús, pero luego y con el tiempo se enfriaban y se retiraban de sus congregaciones. Considero que el sueño fue una respuesta a esa interrogante.

Soñé que estaba parado sobre un mapa grande de Centroamérica, pero en el sector de Panamá y Costa Rica. Este mapa era de unos veinte metros de largo para cada país. Tenía objetos de unos cincuenta centímetros de altura, de acuerdo a lo que producían en cada región.

Caminé sobre Costa Rica y vi que en el centro había un faraón sentado sobre un trono de oro, sus brazos estaban cruzados, el brazo izquierdo sobre el derecho, lo cual, según lo que he investigado, significa un gesto que en brujería representa un total rechazo a Dios.

Cuando vi a este faraón sobre el mapa de Costa Rica le pregunté al Señor el significado de ese personaje, pues era un ser humano y no una estatua. A lo que el Espíritu me respondió: "Ese es uno de los demonios que reinan sobre tu país."

Yo pregunté sobre su significado y el Señor me respondió: "En Costa Rica hay mucho orgullo, hasta creen que existe un orgullo bueno, pero el pecado es pecado, y no existe mal bueno.

Luego caminé sobre el mapa al sur y entré al mapa de Panamá, donde había varios objetos de igual forma que en Costa Rica, hasta que noté que un animal se movió y se escondía detrás de los objetos, cuando de repente lo vi frente a mí, desafiante. Era un leopardo. Lo reprendí y se quitó de mi presencia.

De igual forma le pregunté al Señor el significado de este animal. Y Dios me explicó: "Los leopardos son animales fieros, y este es un demonio indomable que gobierna sobre este país, el cual representa la brujería que se practica aquí, lo que toman como algo natural. Se vuelven al enemigo con facilidad."

Acto seguido le pedí al Señor que me explicara cómo podríamos liberarnos de estas ataduras. El Señor me explicó que el Espíritu ha tratado de liberar estas ataduras, mas la iglesia ha estado rechazando el llamado de Dios a una humillación nacional para reprender con autoridad a estos gobernadores que tienen en miseria a estos países.

Sueño con una bruja de Guatemala

En diciembre del año 2015 tenía el plan de ir a Guatemala y pasar por Honduras en el mes de enero del 2016. Fue cuando tuve este sueño:

Estaba en un culto en Guatemala, y vi al pastor de la iglesia bautista de Masagua, del departamento de Escuintla. Pero era algo extraño, era un templo nuevo, pero sin terminar, ya que los vidrios aún no estaban colocados. El culto era como en horas de la tarde, ya que se veía la entrada de los rayos del sol por el lado oeste.

El templo estaba totalmente lleno de personas y en un momento Dios me guió a decir algo, me dejé guiar por el Espíritu, quien tomó mis palabras y dije esto: "Dios me revela que en este templo hay personas que han estado consultando a una bruja del barrio sobre cosas de su futuro. Dios te dice que el futuro lo controla el Señor y no el enemigo."

El Espíritu me guió a que cerrara los ojos y vi que a mi mano derecha se notaban dos manchas entre la gente, y había también una mancha del lado izquierdo.

El Señor me explicó que esas manchas representaban a las personas que estaban reclutando a miembros de la iglesia para que fueran a consultar a una bruja que había venido a Masagua desde Escuintla. Que lo dijera por el micrófono, que les hiciera un llamado al arrepentimiento de sus pecados y que, si no pasaban, Dios iba a disciplinar a estas personas. Me dijo también que, si estas personas no se arrepentían, entonces iban a salir corriendo del templo y yo lo vería con mis propios ojos.

Tomé el micrófono y dije exactamente lo que el Espíritu me dijo, e inmediatamente vi cómo estas tres personas salieron corriendo del templo, pidiendo permiso entre la gente para salir con urgencia.

Al final dije: "Que el Señor Jesús los reprenda por su maldad."

Después que dije esto desperté. Consulté al Señor sobre mi plan de ir a misiones a estos dos países y Dios me acomodó todo de tal forma que pude viajar a Guatemala.

Cuando llegué a este país, el pastor me llevó a conocer el templo nuevo que estaban construyendo, cosa que me asombró en parte porque yo ya había estado en sueño en un templo nuevo y supuse que ese templo sería el del sueño.

Luego entré, y vi que, asombrosamente, era el mismo templo en el que había estado en el sueño, solo que el pastor me dijo que el templo aún no tenía electricidad, por lo que los cultos no se iban a hacer ahí, sino que se iban a hacer en otro templo alquilado.

Escuché todo lo que me explicó, pero yo en mi mente le dije al Señor: "¿Cómo es esto? Yo vi que todo lo ocurrido en el sueño era en este templo, y me dijiste que lo que yo vi en el sueño iba a ocurrir en la vida real y en este mismo año."

Pero el Señor me dijo: "Ya verás cómo actúo yo."

No le comenté nada al pastor porque los de la denominación bautista conservadora no creen que en este tiempo actúen los dones del Espíritu Santo. Me callé y decidí esperar lo que iba a hacer el Espíritu.

Recuerdo que era un día jueves, y los cultos siguientes se dieron en una iglesia ubicada unas calles más arriba del templo nuevo. Pero resulta que al llegar el día domingo en la mañana el pastor me hizo un comentario diciendo que el culto de ese día se iba a dar por la tarde, y que se iba a hacer en el templo nuevo.

Solo que había un problema. Yo había sido dirigido por el Espíritu y para ese domingo iba a compartir un tema totalmente distinto al que di en el sueño. El tema que iba a desarrollar trataba sobre la Herencia del Cristiano, y no tenía nada que ver con el tema del sueño, el cual era la Autoridad del Cristiano.

Llegada esa tarde, me tocó pasar al frente y empecé la prédica con el tema primero, ya que estaba confirmado por el Señor. Pero conforme fui desarrollando el tema comencé a tener una reacción muy extraña, nunca antes experimentada por mí: era como si lo que estaba ocurriendo en ese momento fuera realidad y sueño al mismo tiempo. Es como si uno estuviera en un lugar y tiempo que ya ha vivido anteriormente. Es difícil de describir.

Luego volví a ver al pastor y a partir de ahí todo se dio en forma exacta al sueño.

Hice todo en el mismo orden y sucedió en forma exacta al sueño que tuve, solo que dije que lo que estaba sucediendo ya lo había vivido en un sueño 22 días antes en Costa Rica.

Para un bautista esto sería muy extraño, y considero que fue por esto que el pastor me habló al final del culto de que eso de los sueños y las revelaciones no le agradaba en absoluto.

Yo le refuté diciendo que el Espíritu no estaba atado y que aún actúa, sacando a la luz lo que las tinieblas hacen en contra de Su iglesia. Por mucho que le expliqué no me escuchó, y hasta el día de hoy ya no me habla. Lo que sí tuvo que reconocer fue que había una bruja a doscientos metros de su iglesia y que venía desde Escuintla, tal como yo se lo había dicho, y que esas tres personas que salieron corriendo del templo eran las que estaban reclutando a personas de la iglesia para ir a consultar sobre su futuro a esa bruja.

Sí puedo decir que amo con todo mi corazón a ese pastor y que él no me rechazó a mí, sino al actuar del Espíritu. Todo sea para la gloria de Dios.

Visión de Larzon

Desde el año 2003 he estado viajando al bello país de Honduras. Toda Centroamérica me ha recibido de una manera muy especial e inmerecida, pero a toda esa gente linda de diferentes iglesias puedo decirles que han calado hondo en mi corazón. En Honduras no ha sido la excepción, y en

Juticalpa, capital de Olancho, es donde me ha tocado ministrar, y ellos han sido de gran bendición para mi vida.

En esta ciudad tengo muchos hermanos que llevo en mi corazón, entre ellos puedo citar a la hermana Maura, Raulito, Villatoro, Neftalí y esposa, y me haría falta un libro entero para seguir citando, pero entre toda esta gente linda se encuentra la familia del hermano Neftalí y su hijo Larzon.

A Larzon le conocí por primera vez cuando le atendí en unas sesiones de consejería donde Dios se glorificó en gran manera, sacando a la luz algunas cosas que tenía en su corazón con relación a su madre que vive en los Estados Unidos.

La segunda vez que pude ministrar a este joven fue en una campaña en donde Dios le libertó de algunos demonios que tenía dentro, lo cual tenía que ver con unas áreas que no había sometido al gobierno del Señor.

El incidente que deseo relatar es porque Dios hizo algo muy fuera de lo común.

Un día del año 2010 o 2011, no recuerdo la fecha con precisión, me encontraba en el cuarto de la casa de mi mamá, donde vivo. Era una tarde de verano y estaba lustrando unos pares de zapatos, tenía música cristiana en el equipo de sonido de mi cuarto (ya que acostumbro a tener mi tiempo con el Señor a solas allí) y sentado en mi cama cerré los ojos, cuando la pantalla se me abrió en mi mente.

Entonces vi que tenían a Larzon de rodillas, y tres hombres le rodeaban, uno de ellos sacó un arma de fuego, le dio tres tiros en la cabeza y Larzon cayó muerto cerca de donde yo observaba todo. Pude ver donde le entraba y le salía la bala a través de la cabeza. Observar toda esa escena me impactó de forma profunda, no sólo porque estimo a mi hermano, sino por el hecho de ver un asesinato tan fuerte como ese.

Al ver esto yo clamé: "¡Señor Jesús!, ¿es que esto ya ocurrió, está ocurriendo o va a ocurrir?"

El Señor de inmediato me respondió: "Larzon se ha alejado de mi rebaño y el enemigo lo busca para matarlo."

Entonces entendí que eso podía ocurrir tarde o temprano, y que aún había tiempo para impedirlo.

El Espíritu me dijo: "Dile a Larzon que vaya ya mismo al templo y se ponga a cuentas conmigo. Que se dé prisa. En este momento le buscan para matarlo."

La visión se cerró, de inmediato me brotaron lágrimas, le supliqué a Dios que me diera tiempo y me abriera puertas para poder actuar desde Costa Rica hasta Honduras.

Rápidamente busqué en la lista de números de contactos del directorio de mi móvil, pero no vi ningún número de la familia de don Neftalí. Me preocupé mucho, pero luego se me ocurrió contactar a otros jóvenes de la misma ciudad para que ellos le avisaran a Larzon que me urgía hablar con él, y que le dieran el número de mi móvil para que él me llamara lo antes posible.

Llamé al hermano Villatoro y a Nectalí (aclaro que Nectalí no es la misma persona que Neftalí, el primero era en ese entonces un joven de la directiva de jóvenes de la iglesia Bautista de Juticalpa), para decirle que tuve una visión extraña con Larzon y que hablar con este joven era cuestión de vida o muerte. Gloria a Dios que a los veinte minutos Larzon me estaba llamando.

Le expliqué diciéndole así: "Vea Larzon, no sé cómo lo tome, pero Dios me dio una visión en la que pude ver cómo unos hombres lo ejecutan con unos balazos en la cabeza, y Dios me ha mostrado en mi corazón que usted anda mal con Dios, que se ha metido con gente narcotraficante y ahora mismo le buscan para matarle. Haga esto, llame al pastor, vaya ya mismo al templo, oren ahí y que póngase a cuentas con Dios… ¡Pero ya!"

Lo que le dije fue tan impactante que me imagino que no tuvo ni palabras para contestar. Le colgué de inmediato.

En aproximadamente diez minutos ya me estaba llamando el papá de Larzon, don Neftalí y me pidió que le explicara la situación. Como pude le expliqué lo que vi, que sabía que Larzon andaba relacionado con narcotraficantes y que se encontraba en serios problemas.

Don Neftalí me contestó: "Está bien hermano, en la noche iremos a la iglesia y ahí hablaremos con el pastor."

Le contesté: "No han entendido, no es más tarde, es ya mismo."

El varón dijo: "Está bien, veremos qué puedo hacer."

Lo sentí un poco confundido, me colgó y yo comencé a orar a Dios para que moviera las cosas como tenían que ser allá en Honduras y que tuviera misericordia de Larzon.

Pasaron como unos quince minutos y sonó mi teléfono, era Larzon; pero a llanto vivo. Me dijo: "Hermano, usted no entiende, yo he sido infiel con mi mujer y me metí con una hermana de un famoso narcotraficante de Juticalpa y me buscan para matarme, ya ellos lo saben todo. Ahora mismo salí un momento de la barbería de papá, donde trabajo, pasó un auto de ellos y acaban de matar a un joven que venía vestido igual que yo. Creo que venían a matarme a mí, era yo el que iba morir, pero tengo miedo de que cuando sepan que no soy yo el muerto, regresen a terminar el trabajo.

Le interrumpí y le dije: "Dios no es un juego, escuche para que vea que lo que yo vi es realidad. El auto en el que van los asesinos es de color gris claro, y viajan tres hombres dentro. Uno adelante y otro que conduce, el de adelante lleva una camisa a cuadros color celeste.

Él gritó y dijo: "¡Hermano!, ¿cómo sabe usted eso, el color del auto y cómo son las personas? ¡Acaban de pasar cerca de mí y es así tal cual como usted dice!"

Le contesté: "Se lo estoy diciendo porque en este momento Dios me lo acaba de mostrar en mi mente."

Él volvió a gritar llorando y dijo: "Hermano, pregúntele a Dios si aún me queda tiempo, si salgo de la barbería, ¿llegaré vivo al templo?"

Yo le contesté: "Le preguntaré al Señor, pero no sé si Él me dará respuesta de inmediato. Yo no mando a Dios, entiéndalo. No cuelgue."

De inmediato caí de rodillas en llanto y le dije al Señor: "¿Qué le digo a ese joven?" El Espíritu Santo, que es tan lindo, me contestó: "Dile que yo ya desplegué mis ángeles, que no tema, pues no morirá."

Al instante le dije: "Larzon, así dice el Señor: ya desplegué mis ángeles, no temas, no morirás."

El joven estaba muy afectado y me repetía: "Yo vi cómo asesinaban a ese joven por error, temo por mi vida y no llegar vivo al templo."

Lo último que le repetí fueron las palabras del Señor y le dije: "Tenga paz, si Dios se lo prometió, Él lo cumplirá. Vaya en paz."

A las dos horas me llamó Larzon llorando, pero con mucha alegría y me dijo: "Dios hoy me dio la vida. Ya entregué mi corazón al Señor, ahora si muero ya no me importa. Pero sí le juro que, si Dios me permite volver a verle aquí en Honduras, en esa misma semana me casaré con mi mujer, como Dios manda.

Yo le contesté: "Júrele al Señor, no a mí. Dios mediante iré en enero próximo."

De verdad que en enero fui a Honduras y al segundo día llegó Larzon a verme a la casa donde me hospedaba, me abrazó y lloró un rato conmigo. Luego me dijo: "Hermano, el domingo me caso. Está usted cordialmente invitado.

Me sonreí y le dije: "Dios es bueno, y si Él lo permite, ahí estaré."

De verdad que ese domingo Larzon se casó con su mujer y todo cambió en su vida.

¡Gloria a Dios!

La promesa a una mujer de que tendría un hijo

En todas las campañas a las que Dios me ha llevado, Él siempre ha hecho maravillas y prodigios para la gloria de su Nombre.

En una campaña en Honduras ocurrió un milagro extraordinario que voy a relatar. Era el inicio del mes de enero de ese año.

Esta campaña se hizo fuera del templo bautista de Juticalpa, y se realizó en una plaza cercana, donde el grupo de jóvenes armó una plataforma que el mismo alcalde de la ciudad había prestado. Se colocaron grandes parlantes que prestó una conocida emisora de Juticalpa, y Dios acomodó todo de una manera magistral.

La última noche asistieron personas importantes de la ciudad tales como el gobernador de Olancho, el alcalde de Juticalpa, el dueño de la emisora y algunos profesores de una universidad y un coronel del ejército de Honduras.

Dios trató con este grupo de gente y hasta lloraron al final del culto, pues Dios le hizo unos hermosos pies curvos a un niño que tenía los pies planos ante nuestros propios ojos. Para Dios cada ser humano es importante, no importa quién sea o el trabajo que haga.

Pero al final del culto Dios puso unas palabras en mi boca y dije: "A mi lado derecho, en la segunda planta de una casa, se encuentra una joven señora de rodillas, llorando sobre su cama. Ella no ha podido tener hijos, ya ha ido a ver a dos ginecólogos, pero ellos sólo le han dicho que no puede tener hijos. Mas así dice el Señor: antes de que termine este año tendrás un hijo en tus brazos."

Di la palabra y seguí la ministración hasta el final, cuando me informaron que había un auto afuera que me estaba esperando para llevarme a una casa para orar por una señora enferma. Recuerdo que era bastante difícil salir del lugar porque había como unas dos mil personas, y entiendo que muchas veces la gente pone la mira en el ser humano que sirve a Dios, creyendo que esa persona tiene algún poder, cuando en realidad sólo somos instrumentos por donde fluye Su poder. Como dicen por ahí: "Es el agua que sale por el tubo la que quita la sed y no el tubo."

Pero en ese lugar no entendían este principio, por lo que la gente se agolpaba con el fin de que yo les tocara o les pusiera las manos. Algunos deseaban tocarme, y por esta razón me sacaron de prisa por la parte de atrás de la plataforma.

Al día siguiente salí de Honduras, y para el mes de abril me escribieron a mi correo electrónico. Me informaron que la joven señora para quien Dios me dio la palabra casi al final de la campaña estaba embarazada, pero yo no recordaba mucho del asunto.

Tres años después, cuando pude volver a Honduras, recuerdo que me encontraba en un caso de consejería y llegó una pareja con una niña de unos dos años en sus brazos. Escuché lo que la señora le preguntó al pastor: ¿Ése es el misionero de Costa Rica?

El pastor contestó: "Sí, es él. Esperen unos momentos que ya está terminando."

Volví a ver hacia donde se encontraba la pareja, pero no recordaba el haberles visto nunca. Sin embargo, cuando terminé la oración me dirigí a donde estaba la señora y su esposo.

Ellos rompieron a llorar, me abrazaron por el cuello y lloraban a llanto vivo.

Le hice señas al pastor como preguntando qué era lo que ocurría, y el pastor me hizo señas de que esperara, luego de unos momentos la señora se secó el llanto y dijo: "Esta es la niña de la profecía."

Yo contesté: "¿De cuál profecía hablan?"

La señora me preguntó: "¿Recuerda la campaña en la plaza, la última vez que estuvo usted en Honduras? ¡Yo soy esa mujer que no podía tener hijos! Yo estaba llorando sobre mi cama en la segunda planta de mi casa y sí, era verdad que ya dos ginecólogos me habían dicho que nunca iba a poder tener hijos. Pero recuerdo que esa noche usted dijo: "Mas así dice el Señor: antes que termine este año tendrás un hijo en tus brazos." Al ver que usted no me conocía y de que aun sin verme sabía dónde estaba y lo que los médicos me habían dicho, entonces supe que solo Dios pudo haberle mostrado todo, y que era Él quien me prometía mi hija, así que yo creí de todo corazón que así sería."

Esa noche salí corriendo de mi cuarto a donde usted estaba para preguntarle más sobre el asunto, pero me dijeron que ya usted se había ido en un auto. Mi esposo y yo le buscamos por toda la ciudad pero no le encontramos, aun así creímos que era Dios el que prometía y así sucedería.

Vea siervo, todo ocurrió como Dios prometió. En marzo no me vino el mes, y para abril ya sabía que estaba embarazada, con pruebas clínicas. Se me dijo que iba a perder el bebé, porque supuestamente tenía un daño en el útero, mas no lo creí y le dije a los doctores que mi bebé nacería normalmente.

En diciembre se me dijo que la bebé iba a nacer a principio de enero y yo dije: No, nacerá en diciembre. Dios me prometió que antes de terminar el año yo tendría una bebé en mis brazos y así sucederá. Los médicos me dijeron que estaba loca. Seguí creyendo y así fue.

A finales del mes de diciembre, faltando dos días para año nuevo, la niña nació sana y con peso normal, y el 31 de diciembre salí del hospital llorando, con la bebé en mis brazos. Mi esposo me decía: "¿Por qué lloras?, ahí tienes lo que has soñado, deberías de estar contenta." A lo que yo le contesté: "Lloro de alegría de ver que hoy se cumple lo que Dios nos dijo: Antes de que termine este año, tendrás una bebé en tus brazos. Y aquí está, es ella."

Después que me explicaron todo esto y escuché el testimonio, le di la gloria a quien corresponde, a Dios.

La señora me dijo: "No la hemos querido presentar hasta que usted viniera y la presente usted al Señor."

Le expliqué que yo no era pastor, que solo era un misionero, pero estaría presente con el pastor de la iglesia y oraríamos juntos por la niña.

Hasta la fecha de hoy no he consultado con esta familia, por lo que no publicaré la foto de la niña sin su permiso, mas Dios es testigo de este milagro.

Agrego que Dios sanó en su totalidad la matriz de esta sierva del Señor y que hoy ya tienen otros hijos.

6. Experiencias del año 1995 a la fecha

Primer sueño sobre mi madre resucitada

En el año 1994 mi padre murió a causa de un cáncer de próstata y eso afectó bastante mis emociones, por varias razones. Mi padre fue un agresor físico y emocional con mi madre, y siempre nos atormentó por los celos obsesivos para con mi mamá.

A pesar de eso mi madre le amó demasiado hasta el último momento, de tal manera que a los pocos días de la muerte de mi padre ella entró en una fuerte depresión, y tuvimos que acudir a diversos médicos.

Sin embargo, a los siete años de su muerte, mi mamá sufrió un infarto cerebral muy fuerte (ACV), lo que comúnmente se conoce como un derrame cerebral. Ese accidente la dejó con secuelas tales como no poder hablar, no recuperó el movimiento de su brazo derecho, y el pie derecho lo mueve muy poco.

Las consecuencias a raíz de este problema de salud fueron muy fuertes, y eso me causó un gran dolor interior y produjo cierto resentimiento para con Dios, sobre todo porque he visto con mis propios ojos los milagros más sorprendentes y porque me doy una vuelta para ver a personas que nadie visita en diversas cárceles.

Recuerdo que se me presentó un caso donde un preso sufrió una situación casi idéntica a la de mi madre, y tuve la oportunidad de orar por ese hombre. Dios lo sanó por completo, pero el varón regresó al pecado en forma tremenda: fumaba, vendía drogas, tenía relaciones con otros presos y hasta rameras le visitaban. Pero por mi madre oraron muchas personas y hasta yo mismo en muchas ocasiones, pero mamá no sanó de ninguno de sus dolores, ni de la parálisis de su lado derecho ni tampoco de su habla.

Creo que Dios me dio este sueño para que entendiera que hay muchas cosas que no alcanzamos a comprender, pero de algo tenemos que estar seguros: Él sabe cómo gobernar perfectamente todo el universo, visible e invisible.

Soñé que me encontraba en un salón donde había dos mesas largas con manteles muy blancos, y en la mesa del lado izquierdo había varios ramilletes de flores de diversos colores, pero brillantes, como que tenían luz en sus pétalos y eran muy grandes, como de un metro de largo.

A la orilla de esa mesa estaba Jesús (lo identifiqué por las heridas en sus manos, su luz cegadora y el cinturón grueso como de oro). Desde donde yo me encontraba podía ver al Señor que estaba de perfil, y enfrente de él se encontraba una joven como de unos veinte años, sonriente y como muy feliz. Su pelo era largo hasta la cadera, peinado y como semi crespo. Al lado de la joven estaba otra mesa larga con mantel blanco. No puedo explicarlo, pero sabía que esa joven era mamá. Vi que el Señor tomó un ramo de flores azules, se las puso en las manos y le dijo: "Por tu mansedumbre."

La joven tomó el ramillete y éste se convirtió, sobre sus manos, en un librito pequeño como de color dorado, lo puso en la otra mesa y le habló algo al Señor, pero no escuché sus palabras. Esto se repitió varias veces y de igual forma solo oía las palabras del Señor y no las de la joven. Frases tales como: "Por tu amor", "Por tu paciencia", "Por tu paz", "Por tu fe."

Debo aclarar que cada ramo era de diferente color o de varios colores mezclados, y todos se convertían en libritos de diversos colores que ella ponía abiertos en la otra mesa. Cada vez que recibía esos ramos le hablaba algo al Señor y se ponía muy contenta. Se podía ver claramente su gozo rebosante.

No tengo la más mínima idea de lo que esos ramos de flores o libros significan, así que pienso que son una especie de galardones que el Señor da a Sus hijos. Aunque no comprenda lo que son, sí entiendo que las cosas celestiales no son ni de comparar con las terrenales, que han de ser maravillosas. Dios enjugará cada lágrima que mamá ha derramado y la va a recompensar. Y no lo hará solo con mi madre, sino también con cada uno de Sus hijos, pero a Su debido tiempo.

"Amad, pues, a vuestros enemigos, y haced bien, y prestad, no esperando de ello nada; y será vuestro galardón grande, y seréis hijos del Altísimo; porque él es benigno para los ingratos y malos". Lucas 6:35

"Antes bien como está escrito: Cosas que ojo no vio, ni oído oyó, Ni han subido en corazón de hombre, son las que Dios ha preparado para los que le aman". 1 Corintios 2:9

Segundo sueño sobre mi madre resucitada

El segundo sueño que tuve con mi mamá fue en el mes de marzo del año 2015. Reconozco que, como cristianos, y a pesar de que Dios nos ha dado bendiciones inescrutables que podemos empezar a gozar desde ya, algunas veces tenemos las "baterías espirituales" un poco bajas de tanto ver el mundo que nos rodea perdido en la maldad, y también se nos "descargan las baterías" cuando recordamos nuestro pasado, las fallas que tenemos y todo eso que nos hace sentir mal.

Digo esto para que no crean que soy un ser perfecto, sino que por Su gracia somos justificados ante Dios a través de Jesús. Aun así todavía fallamos, y en eso no soy especial en ningún sentido. Solo he recibido lo que he escrito por la infinita misericordia del Señor.

El sueño fue así: soñé que estaba en un terreno con un césped muy suave, pero yo me encontraba en la orilla como de una calle ancha de zacate corto pero muy verde, de unos veinte metros de ancho. Por esa vía pasaba mucha gente con extrema alegría en sus rostros, caminando de mi derecha a la izquierda, en ambos extremos no había fin de la multitud de gente tanto en su inicio como en su final. La gente llevaba trajes de colores muy vivos, como telas muy finas.

De pronto apareció un joven como de unos veinte años, delgado y bien parecido, no sé cómo, pero sabía que era mi hermano Johnni. Me saludó muy alegre y yo le pregunté: "¿Quién es esa gente?"

Me respondió: "Son gente salva por Jesús."

Yo pregunté: "¿Y para dónde van tan gozosos?"

Él me respondió que iban para un templo en el Paraíso donde Jesús nos explicaría algunos detalles de cómo sería la vida aquí.

Yo me asombré y le pregunté: "¿Ya estamos muertos?"

Me respondió que sí, que aquí no importa el tiempo u otras cosas de la tierra.

Le pregunté por mi mamá, a lo que me respondió que desde enero estaba en ese lugar. Que por ahí andaba, al igual que mi familia. Luego vi a un hombre de barba un poco alto, vestido de blanco, pero como que irradiaba una felicidad extraña, inexplicable.

Algunas personas salieron del camino y al ratito estaba rodeado de gente hablando con Él. Yo sentía que había como una felicidad que emanaba de esa persona.

Le pregunté a Johnni quién era, y me respondió que era Jesús.

Me asombré y le dije: "Yo he visto a Jesús, pero emana una gran luz enceguecedora y este personaje no tiene ese fulgor."

Me respondió: "Jesús algunas veces se presenta sin gloria para no provocar temor. Él es un amigo."

Luego mi hermano se metió en las filas y desapareció entre la multitud.

Al instante fui transportado a un inmenso templo de columnas de color muy blanco, en ese templo había mucha luz.

Noté que el piso era extraño. Blanco en su totalidad, y que tenía cuadros grandes vivientes. Trataré de explicarlo.

Eran como cuadros que eran duros al igual que todo el piso, pero eran transparentes, con paisajes, fotos de flores, animales, praderas y muchas cosas más, pero como vivientes, pues se movían por dentro. Eran como ventanas a paisajes o grupos de animales, pero parecían reales.

Luego vi los asientos muy blancos como de mármol limpio y resplandeciente, también vi que en los respaldares de esos asientos estaban esas cosas como vivientes, en cuadros pequeños, pero cuando los toqué eran muy suaves, acolchados. En el piso eran duros y en los asientos eran suaves, aunque parecían del mismo material. No sé cómo explicarlo, pero digo lo que vi y sentí.

Luego apareció el mismo joven, pero acompañado de una muchacha como de unos veinte años, delgada, de muy buen parecer, peinada hacia atrás y con el pelo largo hasta las caderas. Era muy alta, quizás de unos 1,75 cm. Vestía un traje blanco, pero como que tenía luz. Sin que ella me lo dijera, supe que era mamá. Y le dije: "Hola mamá, ¿desde cuándo estás aquí?"

Ella me contestó: "Desde enero." Y luego agregó: "Ya el Señor Jesús va a hablar, vámonos más adelante para escuchar mejor. Quiero presentárselo."

Echó la mano sobre los hombros de mi hermano y sobre mí, y los tres caminamos hacia adelante.

Hago la aclaración de que en ese templo quizás cabían más de diez mil personas y estaba lleno de personas muy gozosas.

Desperté muy contento con Dios por lo que tiene en el cielo para mi mamita que hoy sufre aquí en la tierra.

He preguntado sobre eso de enero, para saber si es una fecha cronológica, y algunas personas me han dicho que puede ser que eso indica que como enero es el primer mes del año, así mamá partirá primero que nosotros.

Experiencia con un niño llamado Gabriel

En esa misma semana de marzo del 2015 me ocurrió esta experiencia que no sé cómo llamarla.

Era un día viernes por la tarde y me encontraba en la Escuela Ciudadela de Pavas, donde trabajo dando clases desde hace ya doce años.

Esa tarde me encontraba meditando sobre el sueño tan lindo que tuve con mi mamá y deseando estar allá con el Señor.

Eran como las 3:40 pm y me encontraba libre en esa lección. Cuando salí del aula, por la entrada Este, me dirigí hacia la tienda de la escuela, al lado Oeste, la cual era administrada en ese tiempo por un señor al que le decíamos Don Hugo, con él hablábamos mucho de las cosas de Dios. Sin embargo, me dirigí allá y no sé ni por qué lo hice, ya que no pensé ir con algún propósito en especial.

Cuando comencé a caminar, noté que un niñito se salió de la fila del kínder, que en ese momento estaban saliendo, y con sus bracitos abiertos venía corriendo en dirección a mí. Conforme se aproximaba noté que venía con su mirada fija sobre mí. Volví a ver alrededor para ver si venía a abrazar a alguien conocido de él, porque yo no le conocía, y pensé que tal vez era hermanito menor de algún ex-alumno, como en otras ocasiones me ha ocurrido.

Al ver que no había nadie en ese pasillo, me agaché para recibirle y muy sonriente se echó sobre mis hombros y me abrazó con su fuercita, sentí que sus bracitos le temblaban al apretarme con todas sus fuerzas. Y me dijo en el oído: "Te quiero, profe."

El haber escuchado esas palabras y haber experimentado el abrazo de ese niñito no tiene precio. Me sentí tan bendecido por Dios de que me enviara un niñito a darme esa gran inyección de ánimo y de amor puro, que me sentí demasiado bien.

Yo le contesté: "Gracias, hijito, que el Señor Jesús te bendiga. No sabes la noble acción que has hecho, papito."

Luego me soltó y regresó a su fila con una carita muy sonriente, como si supiera la gran acción que había hecho.

Luego me dirigí hacia la señora llamada Maritza, que es una de las trabajadoras que lleva a los niños en una buseta escolar. Esta señora es cristiana.

Le pregunté: "¿No vio el fuerte abrazo que me acaba de dar ese niñito? De fijo que me levantó el ánimo de manera profunda."

La señora Maritza contestó: "Así de lindo y especial es Dios al usar a los niños para darnos alegría. Además, ese niño es dulce como un caramelo."

Comenzamos a hablar de lo especial que es Dios en nuestras vidas, pero noté que de esa fila de niños se salió un niñito morenito, carita redondita. Le recuerdo tan claro que pareciera que hubiera ocurrido hoy mismo.

Este niño se paró enfrente de donde estábamos conversando, yo le miré con la mirada indirecta. Este niñito se paró y viéndome a mí en forma fija.

Seguí hablando con doña Maritza, pero sin dejar de observar al niño que me miraba. Esto ocurrió como por casi dos minutos, al grado en que me sentí incómodo, y hasta me sacó de la conversación, así que decidí atenderle.

Me bajé un poco y le pregunté: "Hijito, ¿pasa algo? ¿Por qué me estás viendo?"

El niñito contestó: "Es que yo le vi a usted, usted estaba ahí, era usted, yo estaba ahí y lo vi que usted estaba ahí…"

Yo me sorprendí por esta respuesta tan extraña y le pregunté: "Pero, ¿dónde es que usted dice que me vio?

A lo que el niño contestó: "Donde Dios…"

Yo me sorprendí aún más y hasta creí que había oído mal o que el niñito no sabía lo que decía. Miré fijamente a la señora Maritza y confundido hice un gesto como de que yo no entendía lo que ocurría.

Doña Maritza contestó: "Dios habla de muchas maneras."

Ella se agachó junto al niño y le preguntó: "¿Dónde dijo usted que vio al profesor?"

El niño contestó: "Vea, es que yo estaba ahí y yo vi que era él que estaba ahí, es él…"

La señora insistió: "Pero, ¿dónde dice que le vio?"

A lo que el niño contestó otra vez: "Donde Dios…"

Esta vez no cabía duda en lo que ese niño había dicho, nos volvimos a ver y sorprendidos no nos dijimos nada. Doña Maritza sonrió y luego señaló: "El niño lo dijo… será por algo…"

Me puse a pensar rápidamente y a buscarle una explicación lógica viable, y me vinieron varias posibilidades tales como que me había visto en algún templo predicando, hablándole de Dios a alguna persona, hablándole del Señor a algún alumno o cuando había orado en algún acto cívico ante los alumnos de la escuela... Y pensé que como era un niño, podía haber pensado que ahí era donde decía que me había visto donde Dios.

Me bajé de nuevo y le interrogué más claramente al niñito: "¿Hijito, usted me ha visto predicando en alguna iglesia, en la calle, hablando de Dios aquí en la escuela... o algo así?"

Él me interrumpió y nos dijo: "Ustedes no entienden... Vea, yo estaba ahí y yo lo vi a él, es usted, el que estaba ahí..."

Esta vez fui yo el que le interrumpí y le dije: "Pero hijito, ¿dónde es que me vio?"

A lo que contestó: "Donde Dios vive..."

Esta vez levantó su manita derecha y señaló con su dedito índice hacia arriba, y se fue a colocar a la fila de niños del kinder.

Me quedé mudo, me ericé de sorpresa y me quedé como en shock... no sabía qué decir ni qué hacer. Por mi mente pasaban muchas ideas, decía dentro de mí: "¿será que me ha visto en sueños, visiones o alguna revelación del Señor?"

Seguí mi camino a la tienda que estaba como a diez metros. Le dije a don Hugo: "Me acaba de ocurrir algo muy extraño."Don Hugo me alzó a ver y me dijo: "Ya le atiendo, es que estoy friendo esto..."

El niño volvió a salir de la fila y traía una monedita en su mano y pidió un dulce, don Hugo le dio el dulce y yo le dije:

"Es este el niño." Don Hugo me preguntó: "¿Le trató mal?"

Yo contesté: "Nooo, al contrario, ya le cuento."

El niño me preguntó: "¿Cuál es su nombre?"

Yo le dije: "Mi nombre es Ángel."

Contestó: "Qué bonito nombre tiene."

Yo contesté: "Gracias. ¿Y cuál es tu nombre?"

Y el niño me contestó: "Mi nombre es Gabriel."

Yo contesté: "Su nombre también es bonito." Sonrió y se fue a la fila.

Le comencé a contar a don Hugo lo que me había sucedido con ese niño, y se asomó por el mostrador para verlo, pero ya no lo vimos.

Le pregunté a doña Maritza si había visto a ese niño antes y me contestó que no. Más bien me comentó que ella creía que era conocido mío, y que por eso me había dicho todo eso.

Al día siguiente fui al kínder a preguntar si había un niño llamado Gabriel, que yo quería hablar con él, claro que no les podía decir nada a las profesoras. Pensaba que si yo lograba localizar al niño, podría preguntarle cómo es que me había visto donde Dios, que si había tenido un sueño o una visión, pues tal vez había visto algo de parte de Dios.

Le pregunté a las tres educadoras de esa jornada y ninguna conocía a ese niño, hasta le comenté a la última educadora que tal vez era el segundo nombre, a lo que ella contestó que no, porque ellas usan los nombres de las constancias de nacimiento del Registro Civil y no el nombre que los padres digan o se usen en los hogares.

Hasta el día de hoy no he podido localizar a ese niño. Dejo esta experiencia a la interpretación de mis lectores. Solo digo que fue muy, pero muy impresionante para mí.

Visión en el mundo real ante Rubidia

En el año 2006 llegué a trabajar en la Escuela Ciudadela de Pavas, donde hasta ahora sigo trabajando con niños de primaria.

En esta escuela trabajaba en el año 2010 una conserje cristiana, pero que manifestaba mucho temor a todo lo relacionado con la brujería.

Un día, a horas del mediodía, me comenzó a comentar que ella tenía unos vecinos enfrente de su casa que se comportaban como si fueran brujos, y que hasta visitaban una iglesia cristiana de la comunidad de Pavas.

Le comencé a aconsejar diciendo que ella debería orar por estas personas y que en lugar de maldecirlos debería de bendecirlos, compartir bocaditos de comida e intentar atraerlos a Dios.

Ella se manifestó un poco disgustada. En esa conversación estábamos, frente a una pila de palos de piso que se usaban para limpiar el lugar.

Estábamos cerca de una ventana y me encontraba viendo los cerros de Alajuelita, que se pueden distinguir al lado sur de la Escuela, cuando de pronto oí la voz interna de Dios que me dijo: "Vea el cerro de enfrente."

A lo que contesté en mi interior: "Señor, lo estoy viendo." Pero volvió a decirme: "¡Míralo!"

Me quedé viendo fijamente el cerro y pude ver que el cielo comenzó a volverse muy oscuro, casi negro. Me limpié los ojos y vi para otros lados, pero la oscuridad intensa era solo en la parte sur de la ciudad de San José. Seguí viendo eso tan extraño y que en apariencia solo yo lo estaba viendo.

De esas nubes oscuras comenzaron a salir como pedazos de esas nubes negras que caían a gran velocidad a tierra, me asombré por lo que estaba viendo y en la mente le pregunté al Señor: "¿Qué es eso tan oscuro que estoy viendo al mediodía, bajo el sol tropical de mi país?"

El Señor me contestó: "Ese es el mundo real, el mundo natural es pasajero, no es real..."

Le contesté al Señor: "Pero Señor Jesús, eso tan negro ¿qué es...?"

El Señor me dijo: "Eso es la maldad que el mundo espiritual llama cielo, donde hay demonios que son llamados y bajan a atacar los humanos."

Me asusté al ver que estos seres pueden atacar a la humanidad y nosotros no podemos verlos para intentar defendernos.

El Señor me volvió a decir: "Mira el cerro..."

Me quedé viendo aquella oscuridad fijamente, y ante mis ojos se desvaneció, pero casi al instante aparecieron otras nubes muy resplandecientes, brillaban con gran intensidad, y de ellas salían como bolas de luz que caían a la tierra, y era tal la intensidad de esa luz que sobrepasaba la luminosidad del sol de mediodía.

Al ver todo eso le pregunté al Señor: "¿Qué es ahora esas nubes brillantes y lo que sale de ellas?"

El Señor me contestó: "Las nubes es el mundo real de la luz, donde hay muchos ángeles ministradores que se encargan de proteger a los humanos de los ataques de los demonios. Si yo no tuviera el control del universo, ya hace tiempo que los demonios habrían destruido a la raza humana."

Al oír esto me llené de consuelo y gran gozo de ver que nuestro Dios es tan bueno que no permite que recibamos lo que justamente merecemos. Su eterno amor y misericordia es lo que cuida a todo este planeta y el universo entero. También me alegra que el que está gobernando desde su trono es Dios y no el enemigo.

Luego que desapareció la visión volví a ver a la señora Rubidia y le dije: "Deje de preocuparse por su problema, alabe a Dios porque Él tiene cuidado del mundo entero. Desde un alga en el fondo del mar hasta los peligros invisibles que el enemigo pueda tendernos, Él está siempre en control. Debemos vivir para Su gloria y ser portadores de esa linda noticia."

Te digo a ti lector: Dios tiene cuidado de ti y de toda tu familia.

Al escuchar lo que dije Rubidia se enojó, pero entonces le dije que se callara y me escuchara. Le conté lo que había visto con mis ojos y de cómo Dios había traído esa visión para darle ánimo y confianza en el Dios que servimos.

Entonces ella cambió su aspecto y le dio risa de ver que Dios pensara en ella y la cuidara.

A lo cual le cité el pasaje del libro de Efesios, donde declara que Dios ya ha pensado en nosotros desde antes de la fundación del mundo. NO ESTAMOS SOLOS NI ABANDONADOS.

"Bendito sea el Dios y Padre de nuestro Señor Jesucristo, que nos bendijo con toda bendición espiritual en los lugares celestiales en Cristo, según nos escogió en él antes de la fundación del mundo, para que fuésemos santos y sin mancha delante de él." Efesios 1:3-4

El oro del cielo

Soy educador y tengo una Maestría en Docencia, por lo que trabajo dando clases en la escuela primaria y soy profesor de matemática para secundaria, dando clases de lógica y matemática para los exámenes de Admisión de universidades estatales, así como como las pruebas de bachillerato de quinto año de secundaria.

En las escuelas del Ministerio de Educación Pública de Costa Rica, en el mes de setiembre, hacen desfiles de bandas y grupos de marcha alusivos a la fecha de independencia de Centroamérica. El 14 de ese mes es la noche de faroles y el 15 se hace un desfile patriótico por la mañana.

Fue en la mañana del 14 de septiembre del año 2015 que estuve adorando en mi cuarto con cantos del siervo Jesús Adrián Romero, específicamente del disco donde está el canto *"Tú estás aquí"*. Ese canto me quebranta de una manera especial. Pasé toda la mañana entre risas y llantos. Sentía la tierna presencia del precioso Señor, y era tan real que salí a almorzar solo y al terminar entré de nuevo al cuarto. Ya a las cuatro de la tarde tenía que ir a la escuela a supervisar el grupo de marcha llamado abanderados, el cual recibiría la antorcha de la "libertad" que viaja desde Guatemala hasta Costa Rica.

Le dije al Señor que en verdad no quería ir a ese evento, que yo quería que no se interrumpiera esa presencia tan especial.

El Señor me contestó, con la voz interna, y me dijo: "Debes ir, es tu responsabilidad en tu trabajo, además yo voy contigo..."

Me reí mucho y dije: "Es cierto, además si me ven llorando no me importa. Yo sé lo que siento..."

Me alisté y tomé la moto con la que viajo y unos audífonos, e iba oyendo esos preciosos cantos, por lo que en algunos momentos iba llorando, me limpiaba las lágrimas de los ojos y seguía conduciendo con precaución.

Pasé por el lugar llamado "Bajo de los Ledezmas" y subí a un centro comercial llamado "Plaza Mayor" de Pavas, en San José. Al girar la moto a mano derecha en el boulevard vi algo especial.

Había un celaje en el cielo, del lado oeste, donde se estaba ocultando el sol. Pude apreciar que salían unos rayos de luz entre las nubes grises oscuras y alrededor de las nubes se veía como un hilo dorado muy brillante, semejante al oro, parecido a la foto de la portada.

Al ver semejante belleza quedé anonadado, pues siempre he admirado los celajes, amaneceres y paisajes hermosos que se forman en las nubes. El Señor me preguntó: "¿Te gusta el paisaje que se ve en el celaje?"

Le contesté de inmediato: "Claro, Señor, hiciste algo precioso que no se compara a ningún paisaje pintado por humano alguno. ¡Se te pasó la mano de lindo!" Sonreí y dije: "Gracias Señor por hacerlo para que lo apreciemos muchas personas que lo estamos mirando. ¡Es asombroso!"

Luego de una pausa, el Señor comentó: "Verdad que me quedó lindo..."

Se me vinieron las lágrimas y dije: "Eres lindo y lo que haces se parece a ti."

El Señor volvió a hablar muy claro y dijo: "¿Ves ese hilo dorado en el borde las nubes?"

"Sí, Señor." Le contesté.

"Semejante a ese hilo es el oro del cielo..."

Yo comenté: "Pero Señor, tiene resplandor y es brillante."

Miré hacia la mano derecha donde llevaba un anillo de oro de mi graduación, lo comparé con el hilo dorado y pregunté: "¿Entonces el oro del cielo tiene resplandor y brillo como ese hilo?"

El Señor me contestó: "Sí, tiene gloria."

Me quedé impresionado y comencé a divagar en mi mente, pensando que de ese material sería la corona que Dios pondría sobre nuestras cabezas, que la santa ciudad, "La Nueva Jerusalén", sería de ese material, y que emitiría luz, gloria y fulgor. Pensaba que ese oro celestial es eterno, y que es transparente como el cristal. Apocalipsis lo describe en el capítulo 21:

"Y me llevó en el Espíritu a un monte grande y alto, y me mostró la gran ciudad santa de Jerusalén, que descendía del cielo, de Dios, teniendo la gloria de Dios. Y su fulgor era semejante al de una piedra preciosísima, como piedra de jaspe, diáfana como el cristal.

Tenía un muro grande y alto con doce puertas; y en las puertas, doce ángeles, y nombres inscritos, que son los de las doce tribus de los hijos de Israel; al oriente tres puertas; al norte tres puertas; al sur tres puertas; al occidente tres puertas.

Y el muro de la ciudad tenía doce cimientos, y sobre ellos los doce nombres de los doce apóstoles del Cordero.

El que hablaba conmigo tenía una caña de medir, de oro, para medir la ciudad, sus puertas y su muro.

La ciudad se halla establecida en cuadro, y su longitud es igual a su anchura; y él midió la ciudad con la caña, doce mil estadios; la longitud, la altura y la anchura de ella son iguales.

Y midió su muro, ciento cuarenta y cuatro codos, de medida de hombre, la cual es de ángel. El material de su muro era de jaspe; pero la ciudad era de oro puro, semejante al vidrio limpio..." Apocalipsis 21:10-18

Noté que aún me seguían brotando las lágrimas, así que cuando llegué a un semáforo me detuve, saqué un pañuelo y me las sequé. Comencé a decirle toda clase de cosas lindas al Señor, cuando vi que un auto Mercedes Benz se detuvo al lado mío. Escuché que la señora que venía del lado izquierdo dijo: "Mira (nombre del acompañante), ese hombre está loco, está llorando y habla solo."

Inmediatamente comenzó a cerrar el vidrio de su puerta.

Yo le comenté al Señor: "Esta señora dice que estoy loco porque hablo con el Creador del universo y disfruto Su presencia. ¿No es más locura cuando las mujeres lloran al ver los actores de sus novelas, donde todo es fantasía, y los hombres gritan a sus pantallas como si sus ídolos pudieran escucharlos mientras juegan al fútbol?

Oí donde el Señor se rió y me dijo: "Deja al mundo en su fantasía."

Luego me puse a pensar sobre el gran honor de hablar con el Soberano del universo visible e invisible. Entonces le dije: "¿Sabes una cosa, Señor?"

"Dime." me contestó.

"Pensándolo bien, aunque usted me diera ese oro en cantidades tan grandes como el cerro de Alajuelita no me va a interesar, lo que sí me interesaría es estar a Tus pies hablando, aprendiendo y disfrutando de ti..."

De inmediato escuché en mi interior el sonido de su expresiva risa (Si usted ha pensado que Dios es amargado y que está sentado en el trono para amenazar a la humanidad, se equivoca, Dios es gozo y alegría).

"*Mas el fruto del Espíritu es amor,* **gozo***, paz, paciencia, benignidad, bondad, fe.*" Gálatas 5:22

Al escuchar su risa efusiva, le pregunté: "¿Te estás riendo de lo que dije?"

A lo que el Señor me contestó: "Sí... jajaja"

"¿Metí la pata en lo que dije, expresé algo fuera de la razón lógica?"

"Claro, hijo... Tú no sabes lo que dijiste."

Argumenté: "Señor, entonces dime, ¿qué es el oro del cielo?"

Ya casi llegaba al cruce del aeropuerto Tobías Bolaños y escuché al Señor que dejó de reírse y me dijo: "Vea hijo, tú no tienes la capacidad de entender lo que es el oro del cielo; pero cuando vengas aquí lo entenderás..."

Eso fue un puñal en mi ego. De inmediato pensé, 32 años de andar en Sus caminos y haber leído más de 25 veces la Biblia entera, en ese entonces ya tenía la Maestría en Teología, y había leído más 300 libros de teología... y que el Señor me diga que no tengo la capacidad de entender lo que es el oro del cielo...

Tan necio me creía que presumía que sabía algo de Dios, y es que como seres humanos somos altivos y orgullosos, pretendiendo saber algo de lo celestial cuando en realidad no entendemos ni lo terrenal.

Al escuchar esas palabras del Señor sentí como si todo mi orgullo fuera tirado por tierra (merecido me lo tenía), y pasé todo el resto de la tarde dándole vuelta a sus últimas palabras, para luego en la noche pedirle perdón por todo ese orgullo que llevaba dentro y no lo sabía.

Hoy tengo un doctorado en Teología y puedo decir que de lo único que estoy seguro es que soy un terco ignorante, y que necesito de Su gracia y misericordia cada día para poder aprender algo de Su infinita sabiduría.

Agradecimientos

Mi verdadero agradecimiento al Dios Vivo, quien ha tenido paciencia para conmigo, me ha mostrado su gracia y misericordia en todo momento de mi vida, y ha sido fiel cuando más le he necesitado, de tal manera que me ha mostrado sueños, visiones y manifestaciones espirituales de una manera muy especial, sin yo merecer nada de lo que he recibido.

Doy un agradecimiento a mi madrecita, María Murillo Brenes, quien ha sido como ese ángel que me ha protegido a lo largo del camino, pues me ha dado aliento y razón para seguir con mis proyectos de vida.

Fue ella la que luchó contra mi padre, el cual no quería que yo estudiara, ya que por consejo de mis hermanos varones se opuso a que yo fuera al colegio. Recuerdo que un día mi papá me sentenció, diciendo que si yo sacaba alguna nota mala no volvería a entrar por las puertas de un colegio. Mas mi madrecita me apoyó, me motivó y hoy en día soy el único profesional de todos mis hermanos.

Gloria a Dios por Su bendición de darme una madrecita como ella.

Palabras Finales

Deseo cerrar este libro diciendo algunas cosas que debes de tener presente:

- No tienes que ver en mí algo especial o que soy un súper hombre "santo" que tengo o vivo en un mundo sobrenatural. Soy un simple ser humano de carne y hueso que Dios ha bendecido para poder ver cosas de Su real mundo espiritual. No porque tenga algo especial en mí y sea alguien sobrenatural. Si lo ha hecho es solo por la inmensa gracia, misericordia y amor que tiene para con este servidor suyo y para con cada uno de sus hijitos.
- Si alguna vez desea comunicarse conmigo, puede hacerlo con los medios que doy en el primer capítulo, ya sea por correo o hablarme al número de teléfono celular que ofrezco. Cualquier comentario ha de ser con base bíblica y no ideas fuera de la Santa Palabra de Dios que es la Biblia.
- Reitero mi juramento de que todo lo que he escrito es únicamente la verdad de lo que he visto y oído. Cuando he citado pasajes bíblicos que respaldan lo que he visto es porque considero que nada de mis experiencias están en contra de la Palabra de Dios. También he tenido ataques del enemigo, pero cuando comparo lo que he visto con la Palabra de Dios y no es acorde, entonces no lo recibo como fuente de Dios. Es simple, lo que no es de Dios lo desecho de plano.
- Es mi interés que usted analice todo el contenido de esta obra a la luz de la Biblia y tome lo que le edifica. Si hay algo que no le agrada o con lo que no está de acuerdo, simplemente deséchelo. El Señor Jesús con su Santo Espíritu le guiará a toda verdad.

Dios te bendiga y guarde por siempre, ese es mi deseo. Amén.

Acerca del Autor

El Dr. Ángel Ramírez Murillo es Doctor en Teología y Estudios Bíblicos de la Universidad Vida Abundante, en Puerto Rico. Tiene un Máster en Docencia de la Universidad Americana y es Profesor de Matemática en la Universidad Estatal a Distancia de Costa Rica.

Desde los años 2001 al 2018 ha participado como misionero en cárceles y Cruzadas de Evangelización en Centroamérica.

Para contactar al autor, puede escribir a su correo electrónico: juda_27@yahoo.es o a su móvil: (506) 8754 4560.

Más Libros de Interés

Dios está en Control – Descubre cómo librarte de tus temores y disfrutar la paz de Dios

Este libro, nos enseña cómo librarnos de los temores para que podamos experimentar la paz de Dios. Descubrirás: Cómo resolver los problemas de la vida, Cómo experimentar la paz de Dios en medio de la tormenta, Cómo vencer los temores, Cómo sanar las heridas del alma, y mucho más.

Vida Cristiana Victoriosa – Fortalece tu fe para caminar más cerca de Dios

Este libro es la suma de muchas enseñanzas y devocionales cristianos. Que al leer este libro Dios pueda hablarte, y que tu vida sea fortalecida. Descubre: Cómo vivir la vida victoriosa, Cómo ser amigo de Dios y ganarse Su favor, Cómo vencer la tentación, ¿Por qué permite Dios el sufrimiento? Y mucho más.

Gracia para Vivir – Descubre cómo vivir la vida cristiana y ser parte de los planes de Dios

Se comparte sobre la gracia que proviene de Dios. La misma gracia que trae salvación también nos enseña cómo vivir. ¿Estaba preparado Jesús para todo lo que iba a sufrir? Se analizan los miedos que nos paralizan y cómo debemos reaccionar.

Consejos para vivir feliz – Sabiduría en enseñanzas breves para una vida cristiana plena y fructífera

Basado en el libro de los Proverbios, donde podemos encontrar consejos y enseñanzas. Hay mucha gente que va por esta vida todavía sin saber cuál es su propósito o se encuentran perdidos cuando tienen que tomar alguna decisión importante.

El hombre que parafraseaba – Un encuentro de consecuencias eternas

Un encuentro entre un niño azotado por la soledad y un anciano que en el amor ha obtenido las respuestas. El anciano está de paso, el niño se encuentra solo como siempre.

Juntos emprendan un viaje de ida y vuelta a lo más profundo del corazón de Dios.

Ángeles En La Tierra – Historias reales de personas que han tenido experiencias sobrenaturales con un ángel

Los ángeles son tan reales y la mayoría de las personas han tenido por lo menos una experiencia sobrenatural o inexplicable.

Promesas de Dios para Cada Día – Promesas de la Biblia para guiarte en tu necesidad.

La Biblia está llena de las promesas y bendiciones de nuestro Padre. Te ayudará conocerlos y te fortalecerán en tu fe. Las promesas están compilados según el tema. Y si te encuentras en una situación apremiante, permite que Sus promesas te alienten para seguir creyendo en fe que nada es imposible para nuestro Dios fiel.

Perlas de Sabiduría – Un devocional de 60 días descubriendo verdades en la Palabra de Dios

En este libro devocional para mujeres descubrirás verdades y principios espirituales 'escondidos', así como las perlas, los cuales están esperando ser encontradas por aquellos que realmente quieren saber más.

Sanidad para el Alma Herida – Cómo sanar las heridas del corazón y confrontar los traumas para obtener verdadera libertad espiritual

Este es un libro teórico y práctico sobre sanidad interior. Nuestra enseñanza motiva la búsqueda de la sanidad para las mentes y espíritus de las almas sufridas y por qué no, atormentadas. De esto trata la "sanidad interior" o sanidad para el "alma herida"

www.ingramcontent.com/pod-product-compliance
Lightning Source LLC
LaVergne TN
LVHW011710060526
838200LV00051B/2839